JN258124

よみがえる戦前日本の全景

遅れてきた
強国の制度と仕組み

百瀬孝（元仙台大学教授）監修
亀岡修（ジャーナリスト）著

毎日ワンズ

監修のことば

本書はもっぱら、「戦争を知らない若者や大人たちに過去の日本の真の姿を容易にわかるように知らせたい」という本書の担当者の熱意によって誕生したものである。

かねてから、日本の姿を左もしくは右のイデオロギーによって非難したり美化したりする風潮に不満を感じ、本当の姿を正しく伝える必要を痛感していたこの担当者は、あるとき若い人たちと話し合ったところ、知識が欠けているというより、知識を吸収したいという意欲に満ちていることを感じたという。

私には『事典　昭和戦前期の日本――制度と実態』（伊藤隆監修・吉川弘文館、一九九〇年）という著書があり、多くの読者を得たが、なにぶんにも分厚いもので、かつてのことを知っている年配者や、若くても歴史研究を志すような方にはよいが、普通はなかなか通読できるといったものではない、という思いがあった。また、福祉教育に関係していると、若い従業者が高齢者と話をするのに、昔のことを多少とも知らないと聞き役にもなれない、という悩みを聞くことがあった。

たまたまこの担当者と話す機会があり、若い人に知らせるような本づくりが必要ということで意見が一致したが、私が執筆しても似たようなものになってしまう、むしろ筆の立つ人に、これらも充分参考にして新たに書いてもらったらどうかというお話をした。

そこで、これまで森羅万象を扱ってきた有能なるライターとともにチームを組み、戦前期の日本について少し話し合いをしようということで勉強会を発足させた。

まず、拙著の読書会というところからスタートして、何回かの話し合いをし、それは深夜に至ることもあった。

改めて、われわれは、戦前の日本はすごいということを実感した。貴族院、枢密院、軍部、財閥といったものがあり、広大な植民地を支配し、地主と小作人、華族と平民、女性は選挙に行けず、ごく一部の人が中学へ行き、丁稚小僧や女中といった人たちの低賃金の仕組みなどに、いまさらながら驚嘆し、もし日本が戦争をしなければ、これらがそのまま継続していたのだろうか、あるいは、ある時点で革命的な動きでも起きたのであろうか、植民地はいつ独立戦争をして、お互いにどれだけの犠牲者が出たのだろうかと、ゾッとするような感じに襲われることもあった。

一方、旧憲法でも人権は法律によらなければ制限できないとされて、法治国家として裁判の独立も謳われ、陪審員制度まであったこと、社会保障制度もいくらかは萌芽を示していたこと、学歴がなくても相当なところまで行けたこと（高学歴者があまりに少ないので）、丁稚小僧、女中といった人たちの長年の勤務の結果の雇い主の暖簾分け、嫁入り支度の用意、といった事実を確認した。

こういうわれわれの実感を、感動の消えないうちに文章化しようということで、ライターの亀岡修氏がぶっ通しで執筆された。私は皆さんとだべり、あとで文章を見て、この一書が生まれたというわけである。

私は若い人ばかりでなく、団塊の世代といわれる人にも本書を読んでいただきたいと思う。私が大学生の頃、いわゆる進歩的な教授陣が幅を利かせていたが、一方で明治生まれの気骨ある先生方も健在で、あまり一方的な教育がなされていたとは思わない。しかしそれから一〇年後の一九七〇年（昭和四五年）頃になるとあらゆる分野でマルクス主義の勢力が蔓延拡大し、明治生まれの人も引退して、かなり一方的な主張をすることが支配的になった。マルクス主義者でもないのにマルクス用語を満載した本を書くことも一般的になった。戦前のことはすべて悪で、速やかに一掃しなければならない、早く社会主義の社会をつくらなければならない、と論じられた。私の専攻の社会福祉分野でも、社会福祉が必要なのは資本主義社会が悪いからで、社会福祉に従事する人は早く社会主義の実現を期して社会福祉が不要になる社会をつくらなければならない、などと卒業式の訓示で大真面目にいう学者が出る始末だった。

こういう時代に学生生活を送られた方々にはいくらかその影響が残っているかもしれない。本書が戦前の日本の姿にいままでと異なった印象を与えることができれば幸いである。本書では絶対主義天皇制とか外見的立憲制、日本ファシズム、帝国主義、原始的蓄積、資本主義の危機、国家独占資本という用語が出てこない。そういう過去四〇年前に流行（はや）った無内容な用語で説明せず、普通の言葉で戦前の日本を描いたのである。

本書においては、戦前の日本について具体的な事実を示すことによって、制度・仕組みをわかりやすく理解できるように心がけている。拙著をおおいに活用しているが、亀岡氏自らの体験、調査結果、あるいは当時の作家の記録の引用もかなり取り入れられている。拙著の曖昧な記述に対して補充して説明した部分もある。戦前・戦中や終戦前後のいろいろな事象について、断片的でもある程度の知識を持っていれば、国や社会の全体像についての理解を深めることができる、と思う次第である。

なお本書の前身は二〇〇七年（平成一九年）に他社から出版されたが、経営上の事情があって中断されていたのを、毎日ワンズの松藤竹二郎社長の尽力によってよみがえらせることになり、亀岡氏が全面的な増訂（追加・書き換え）をしてふたたび世に問うことになったものである。

二〇一五年一〇月

百瀬孝

よみがえる戦前日本の全景――遅れてきた強国の制度と仕組み

【目次】

第二章　軍隊と戦争

第四章　教育制度

第七章　連合軍の日本管理と解体

第一章　近代日本の誕生

大日本帝国の領土

戦前日本の国土すなわち統治区域は、わが国固有の領土と、領土に準ずる租借地及び委任統治区域とからなっていました。このほかに外国の領土内において部分的に統治権を持つ区域（上海共同租界、天津租界、漢口租界など）と戦時の軍事占領地が、一時的に統治区域として存在することもありました。

当時の日本の国号としては、最も長くは「大日本帝国」と称し、やや省略しては「大日本」「日本帝国」とも称し、さらに外交文書では「日本国」「日本」とも表記しました。

一九一〇年（明治四三年）の韓国併合により日本の正式領土は内地、朝鮮、台湾、澎湖島、樺太（サハリン）に確定しますが、その前にも若干の島嶼を領土に編入しました。

当時の内地のうち比較的新しく編入された次の島々を除けば、わが国古来のものであって疑いようがなく、いわば公理のようなもので、その事実を証明する必要すらないものです。

・小笠原島――一八六一年（文久元年）に幕府が領有を宣言し、一八七六年（明治九年）に小笠原島の事務を内務省所管とすることに定め、諸外国に日本の管治を通告し、一八八〇年（明治一三年）より東京府が所管。

・沖縄――一八七二年（明治五年）に琉球国王を琉球藩王（のち侯爵）としたとき、詔勅により日本領土であることを確認。

・千島――一八五四年（安政元年）に日露和親条約を結び択捉（えとろふ）島以南を日本領土、ウルップ島以北のクリル諸島はロシア領と明記（一八七五年の樺太・千島交換条約によりクリル諸島すなわちウルップ島以北の一八島もすべて日本領土とし、ロシアも「千島全島は日本帝国に属す」ことを確認）。

・大東島――一八八五年（明治一八年）、沖縄県に編入。

・硫黄（いおうとう）島――一八九一年（明治二四年）、東京府に編入。

・尖閣列島――一八九五年（明治二八年）、日本領であることを示す標杭の建設を沖縄県知事に指令。

・南鳥島――一八九八年（明治三一年）、東京府に編入。

・沖大東島――一九〇〇年（明治三三年）、沖縄県に編入。

・竹島――一九〇五年（明治三八年）、島根県に編入。

・沖ノ鳥島――一九三一年（昭和六年）、東京府に編入。

これらのうち尖閣列島と竹島は無主物を編入したことになりますが、他はもともと日本領であったもので、所属府県がわからなかったものを新たに府県に所属させたという建前になっています。

内地と外地

朝鮮は、日本の日露戦争勝利後の一九一〇年（明治四三年）、「韓国併合ニ関スル条約」により日本領土となりました。台湾及び澎湖島は一八九五年（明治二八年）の日清戦争の結果、日本に割譲されたものです。樺太は日露戦争中に日本軍が占領、講和後に北半分をロシアに返還しました。なお南沙諸島は一九三九年（昭和一四年）、日本が列国の反対の中、新南群島として台湾に属させたもので、戦後、中華民国が回収しました。一九五二年（昭和二七年）のサンフランシスコ講和条約において日本が領有権の放棄を宣言しましたが、具体的な帰属先については明言しなかったため、現在、中国、ベトナム、フィリピンなどによる領有権争いが発生しています。また第一次世界大戦後、日本は国際連盟より委任されカロリン諸島、マーシャル諸島、マリアナ諸島（グアムを除く）に属する六〇〇以上の島々（これらを「南洋群島」と呼んだ）と、租借地の関東州（旅順、大連などを中心とした遼東半島先端部）を領土とはせずに統治しました。

これらのうち、内地以外と、内地の一部たる南千島（歯舞（はぼまい）、色丹（しこたん）、国後（くなしり）、択捉）を除く千島は、一九四五年（昭和二〇年）のポツダム宣言受諾と同時に事実上、日本領土でなくなりましたが、法的にはサンフランシスコ条約で領有権を放棄したものです。南千島がロシアに、竹島が韓国に、現在に至るまで不法に占領されていることは周知の通りです。

なお戦前日本における内地とは、国家全体のために制定された法規が原則として当然行なわれる地域のことで、具体的には本州、四国、九州、北海道、沖縄をいいます。これに対して外地とは朝鮮、台湾、澎湖島、樺太、南洋群島、関東州を指しました。「外地」という言葉は、「植民地」という刺激の強い表現を避けるためでもあったようです。ただし一般には中国大陸や東南アジアを中心に、内地以外の全世界を「外地」ということもありました。

外地人の籍のことを「民籍」といい、内地人の戸籍とは別のものとされました。朝鮮人、台湾人は日本国籍を有しましたが、樺太原住民のうちアイヌ以外には日本国籍がなく（もっともアイヌに日本国籍が認められたのは一九三三年になってから）、南洋群島のカナカ族とチャモロ族は「日本国民とはやや異なる島民」という漠たる扱いを受けました。

天皇

戦前の天皇の国務大権と統帥大権についてはのちに詳述するとして、ここでは皇室典範及び皇室令による当時の天皇の地位その他について、現在と異なる点を述べておきます。

皇位継承については、大日本帝国憲法（継続した憲法としてはアジア初の憲法、「明治憲法」ともいう）と皇室典範に定められていました。天皇が崩御（ほうぎょ）するとただちに皇嗣（こうし）が践祚（せんそ）して天皇の位につきます。皇位は少しの隙もなく継承されるので、崩御即践祚であり、践祚は儀式でなく事実にほかならないのです。ただし践祚には儀式を伴い、登極令（とうきょくれい）に詳細に規定されていました。これに則り大正天皇と昭和天皇は践祚し、その後ただちに改元されました。

先帝の諒闇が明けたのち、秋と冬の間に、即位の礼と大嘗祭を京都で行ないます（即位の礼と大嘗祭を合わせて「大礼」「御大典」などといった）。即位という行為や事実があるのでなく、即位の礼という儀式があるのです。この点、現皇室典範（一九四七年制定）では「天皇が崩じたときは皇嗣がただちに即位する」としているのと異なります。

古来、天皇が即位すると、新穀を先祖及び天神地祇に祀る神道の儀式である大嘗祭を挙げるのが通例であって、皇室典範でも大嘗祭を必須としました。鎌倉時代に大嘗祭を挙げなかった仲恭天皇は世に「半帝」といわれたというほど、大嘗祭は皇室にとって重要な儀式であったのです（現皇室典範では何も触れていないが今上天皇即位の礼のときには実施された）。

なお、皇位継承の第一順位にあるものが皇嗣であり、継承の順序は現在とほぼ同じです。皇太子は皇族身位令（一九一〇年制定）により皇族の首位に列すること、満七歳で大勲位に叙し菊花大綬章を賜ること、満一〇歳で陸海軍人となることが定められていました。裕仁親王（のちの昭和天皇）は大正天皇践祚と同時に皇太子となり、ただちに陸海軍少尉（一一歳）、一三歳で中尉、一五歳で大尉、同年立太子礼、一八歳で成年式挙行、一九歳で少佐、二二歳で中佐になり摂政就任、二四歳で大佐となりました。ちなみに明仁親王（今上天皇）は満一〇歳でも任官していません。

皇族はすべて天皇の下に一大家族をなし、皇族の宮号は家名ではなく、勅旨によってその人に賜る称号です。皇族の特権として現在と異なる点は、成年の男子は貴族院議員となり、成年の親王は枢密院に班列できることでした。

一方皇族の義務は、皇族身位令に細かく規定されていました。住所を東京市内とする必要があり、商工業を営んだり、報酬を受ける職につくことを禁じられていました。男子は一八歳になると陸海軍武官に任ぜられ（権利であり義務だった）、婚姻は皇族、王公族、華族との間に限られました（ただし平民でも華族の養子というかたちにすれば皇族と婚姻できた）。皇族は養子を取ることができず（したがって男子がなければその宮号は消滅する。その実例は多い）、隠居もできないとされていました。

摂政・監国・太傅

天皇が未成年のとき、あるいは病気・事故の場合は、皇室典範により、皇族会議及び枢密院の議を経て摂政を置くとされ、摂政令にその儀式や手続きを定めました。

摂政は、裕仁親王が一九二一年（大正一〇年）についたのが唯一の例ですが、このときは権限外の原敬首相が、山県有朋枢密院議長や牧野伸顕（のぶあき）宮内大臣の間を説いてまとめたようです。

また、天皇の一時的な病気や外国訪問などの場合は天皇の代理者を置くとされ、これは天皇の委任により大権を代行する機関で「監国（かんこく）」といいます。成文の定めはなく、反対説もありましたが、大宝律令以来の制であること、伊藤博文が『憲法義解（ぎげ）』に記していること、憲法も禁止していないことをもって国法の容認するところとなりました。皇太子・皇太孫がこれにあたるとされましたが、実際に置かれたことはありません。

天皇が未成年のとき保育をつかさどる者を、皇室典範により「太傅（たいふ）」といい、先帝の遺命によるか、皇族会議及び枢密院に諮詢して選任されました。前もって人物は決まっておらず、皇族でなくともよいとされましたが、実際に任ぜられた者はいません。

宮家と王公族

現在の宮家は大正天皇または昭和天皇の直系に限られますが、一九四七年（昭和二二年）までは、現天皇家とは家系上の繋がりの非常に稀薄な関係しかない多くの宮家がありました。

江戸時代、四親王家として伏見宮家、閑院宮家、桂宮家、有栖川（ありすがわ）宮家がありました。一八八一年（明治一四年）に桂宮家が、一九一四年（大正三年）に有栖川宮家が廃絶し、独り伏見宮家のみ明治以降急速に繁栄して一一宮家にまで枝分かれしました（閑院宮家も伏見宮から出て継いだものである）。

このように大正以後は直宮（じきみや）（大正天皇の皇子）以外の宮家（皇族）は、すべて伏見宮家の系統に属したのです。

そもそも伏見宮家は、明治天皇によって正統の天皇であったことを否定された崇光（すこう）天皇（北朝第三代）の皇子（栄仁親王）を祖とする宮家です。崇光天皇は足利氏により皇位につけられ、すぐ廃された悲運の天皇ですが、持明院統の広大な荘園を有し、これを栄仁親王に相続させたため、宮家繁栄の基が築かれました。今上天皇は栄仁親王の孫・後花園天皇の子孫です。

ちなみに各宮家の職員数はだいたい二〇人前後で、非常勤の別当（中将クラスの退役軍人など）が最高顧問格として置かれました。その下に宮内省派遣の高等官、属官、雇などが数人、皇族付武官、財務顧問、運転手、庭師がおり、そのほか奥としての老女、女中が一〇人前後いました（なお高等官とは官吏の等級の一つで、親任官、勅任官、奏任官の総称。天皇の親任式を経て任命される親任官を高等官最上位とし、それ以外の高等官を九ランクに分け、一、二等官を勅任官、三～九等を奏任官とした）。

皇族費は年額三万八〇〇〇円（いまの約七六〇〇万円に相当。以下、本書では当時の一円を現在の二〇〇〇円に換算し＊を付したが、さらに精確を期するため換算率を変えた箇所もある）から一一万円（＊二億二〇〇〇万円）程度でした。

王公族については、一九一〇年（明治四三年）の「韓国併合ニ関スル条約」及び「韓国併合ニ関スル詔書」により、韓国すなわち大韓帝国（李氏朝鮮）皇帝、皇太子、前皇帝を日本の皇族の礼をもって遇することになり、これを王族として王家を設立し、皇帝の近親者を公族としました。

王公族は皇族の礼遇を受け、「殿下」の敬称をつけられましたが、決して皇族になったわけではなく、皇室の一員になったわけでもありません。しかし王公族の地位は皇族に次ぎ、男子は陸軍または海軍の武官に任ぜられ、その他皇族と類似した権利義務が定められました。ただ住所は東京とはされておらず、いずれも京城（現ソウル）に本邸を置き、別に東京邸を置きました。また王公族は皇族と異なり「隠居ができる」とされていました。

　この王公族の家務をつかさどったのが「李王職」という機関です。宮内大臣の管理に属する外局ですが、京城に置かれていたので朝鮮総督が監督し、長官、次官、事務官、典医、通訳官、雅楽師などが置かれました。旧大韓帝国の宮内府を引き継いだもので、初代長官は旧宮内府大臣であり、大正時代まで長官は代々朝鮮人が任じられました。

　大韓帝国最後の皇帝・李王坧（チョク）は朝鮮に住んだため内地人には馴染みは薄かったのですが、皇太子の李王垠（ウン）は梨本宮方子（まさこ）女王と皇室典範の改正までして結婚させられ、また日本陸軍の軍務についていたことで、内地人の間で「李王殿下」として知られていました。

　李王垠は併合前すでに日本に連れてこられ、陸軍幼年学校、陸軍士官学校、陸軍大学校を卒業して連隊長、旅団長、師団長、第一航空軍司令官、軍事参議官を務めましたが、日本の太平洋戦争敗戦後、王族でなくなったのはもちろん、無国籍になりました。しかしその後韓国が独立すると、朴正熙大統領のもとで帰国し、一九七〇年（昭和四五年）に死亡、大韓帝国皇太子として国葬の礼を受けました。

国の最終意思決定者は誰か？

江戸幕府を武力で倒した薩長連合政権すなわち明治政府は、王政復古ののち、版籍奉還、廃藩置県によって中央集権主義体制を築き、明治憲法の施行後は、君主制を基本とする立憲君主制を確立させました。憲法第一条によって国の統治権は天皇に統一されたのです。

とはいえ、内閣、軍、枢密院、議会それぞれに固有の権限があり、結局、国家の最終意思決定の責任の所在は曖昧でした。元老（のちに重臣）が、分立的に存在する諸機関を「バランサー」として調整する役割を果たしていた時期もあります。

内閣という合議機関がある一方、その構成員である国務大臣は、各省大臣として天皇に直属し、内閣総理大臣の支配を受けない仕組みでした。内閣総理大臣には各省大臣に命令する権限はなく、したがって総理大臣と一部の閣僚が対立すると、内閣は閣内不一致で総辞職するという方法しかありませんでした。事例として、東条（英機）内閣の総辞職の原因は、国務大臣の岸信介が内閣改造を拒否したことによるものです。

国の機関で憲法上定められたものは、枢密院、帝国議会（貴族院・衆議院）、国務大臣、裁判所、行政裁判所、陸海軍、会計検査院しかなく、内閣、内閣総理大臣については憲法上の機関ではありません。

したがって明治憲法が「政府」といっているものが何であるかもはっきりしていません。いま日本で政府といえば内閣を指しますが、明治憲法では諸説さまざまで、憲法学者一人一人解釈が違いました。有力なところでも「政府とは天皇、国務大臣、国家のいずれか」とする説、「政府とは広く天皇以外で最高の地位にあって普通の行政をする権限を持つ種々の機関を指す」とする説などがあり、かなりあやふやです。

「天皇の五つの大権」とは？

皇位継承については、先ほども述べたように憲法と皇室典範に定められていました。明治憲法は天皇の地位について「天皇ハ国ノ元首ニシテ統治権ヲ総攬（ソウラン）シ……」（第四条）とし、大日本帝国を統治することを明記しています。地位の世襲は皇室典範によります。日本の「国体」とは、万世一系の天皇が国を統治する制度、いわゆる国柄のことです。

また「天皇ハ神聖ニシテ侵スベカラズ」（第三条）と、神聖不可侵性を定めています。このことは、さまざまな側面を具体的に示しています。すなわち「天皇への不敬行為を許さないこと」「天皇は政治上の責任を負わないこと」「天皇は刑事上の責任を負わないこと」「天皇から位を奪うことはできないこと」の四点の法律的内容を持つ、とされていました。これらは西欧の立憲君主国でも当然のこととされています。

政治上の責任を負わないことを「天皇無答責」といいます。責任は輔弼（ほひつ）（天皇の行為に関してその全責任を負う権能）する各国務大臣にあるとする、立憲君主制としては他の君主国同様、普通のかたちでした。

その天皇の公の職能は五つに大別されました。憲法上の大権である「国務大権」「統帥大権」「栄典大権」の三つ、そして憲法外の大権である「皇室大権」（皇室法上）と「祭祀大権」（慣習法上）の二つです。

栄典大権とは国民栄誉や爵位、位階の授与で、宮内大臣や賞勲局総裁が輔佐しました。皇室大権や祭祀大権は皇室の家長としての大権で、先祖の霊を祀ったりする行為を指しました。皇室大権は宮内大臣が輔佐、祭祀大権は神道最高位の祭主としての行為ですからその性質上、輔佐の責任を負う者を置けませんでした。

国務大権とは「帝国議会の議決を経ることなく、国務大臣の輔弼によって行なう天皇の国務に関する権能」を意味します。その国務大臣に対して議会は建議、質問、予算審議などでその追及ができる、というかたちです。

この国務大権こそ内閣が輔佐する国事行為そのものですから、内容は厖大です。

①立法に関する大権
②議会の組織及び閉鎖に関する大権
③官制及び任命大権
④軍編制の大権

⑤外交大権
⑥戒厳・非常大権
⑦恩赦大権

①――議会で決議された法律案もそのままでは法律にはならず、天皇の裁可が必要でした。内閣総理大臣から上奏し、天皇が裁可しますが、このとき、理論上は「不裁可」の上奏もでき、天皇が裁可するかしないかも自由なのですが、「つねに裁可すべきもの」とされていました。実際、不裁可の上奏も、天皇の不裁可もありませんでした。

⑥――戦時または国家事変に際して、天皇は憲法の臣民権利義務の条項にとらわれることなく、大権をもって臣民の行為を規定することができる、というものです。国家事変とは、具体的には「内乱」を指し、天変地異や経済混乱、社会的闘争程度は含まれません。実際には一回も発動されることはありませんでした。一九三六年（昭和一一年）に二・二六事件が起こったときも、東京の一部が戒厳状態になりましたが、正式の戒厳令は発動されていません。

④――軍編制とは陸海軍の編制を定めることと、陸海軍の常備兵額（部隊・艦隊の基本構成や軍事費など）を定めることです。陸上部隊を何個師団持ち、戦艦や空母を何隻持つかというような基本的なことや兵員の給与などは軍政事項で、本来、国務大権に含まれることなのです。のち、ロンドン軍縮会議（日本の巡洋艦などの補助艦の保有量が米英の七割以下に制限された）を受け

て大騒ぎになりますが、本来、内閣が輔佐する軍編制、すなわち純政務事項ですから、軍部が騒ぐほうがおかしいわけです。

さらにいえば、軍令機関（作戦を担当）の輔佐によって行なわれる陸海軍の「統帥大権」も、明治憲法の条文をいかに読んでも、国務大権から独立したものとしての存在を確かめられません。しかし、憲法制定以前からの慣例慣習により、「独立したもの」という位置づけがなされました。

このことは、憲法をつくった伊藤博文がそういっています。では、統帥大権が国務大権から独立しているなら独立していると、なぜ伊藤は明記しなかったのか、よくわかりません。統帥権に関してはのちにもう少し触れます。

法令上の規定なしに権力を振るった元老、重臣

戦前日本の仕組みが現在のわれわれにわかりにくい要因の一つに、何者だかよくわからない元老、重臣などの存在があります。法令上の規定がないにもかかわらず、厳として存在していました。

このほかにも「慣行」「内部取り決め」「閣議決定」「そのつどの上奏裁可」などにより、極めて重要な役割を持つ機関が置かれたり存在したりしました。

一八九七年（明治三〇年）頃に「自然慣習」として元老とされていたのは、伊藤博文、山県有朋、黒田清隆、井上馨（かおる）、西郷従道（つぐみち）、大山巌（いわお）、松方正義の七人でした。いずれも明治維新以来、政治、軍事の中枢にいた薩長指導者層の元勲で、かつて大臣にあたる参議を務め、第一次、第二次伊藤内閣における閣僚です。元老の語源は「元勲諸老」といわれています。

天皇から元勲優遇の詔勅を受けたことを元老の指標にすることもありますが、そういう意味では大山、西郷は詔勅を受けていません。この詔勅とは、黒田の場合は「特に大臣の礼を以ってし、ここに元勲優遇の意を昭にす」というものでした。

明治期の元老は、次の首相候補を天皇に推薦する権限を持ち、重要な国事に影響力を持っていました。大変な権限を法令外で持っていたということですから、国の仕組みも見えにくくなります。いまの政治のように裏の駆け引きや話し合いがわかりにくいというのではなく、仕組みそのもののかたちが、わかりづらいのです。

大正時代の元老は、山県、井上、大山、松方、桂太郎、西園寺公望の六人でした。首相奏薦権は変わらず持っていましたが、国政全般ではなく、発言が人事や宮中関係事項について限定されるようになりました。

もう一人、普通は元老とされませんが、大隈重信も一九一六年（大正五年）に元老の御沙汰書を受けています。元老筆頭の山県有朋は、元老制度に否定的だった大隈を加えることで、元老に対する風当たりを弱めようとしますが、他の元老は大隈の起用には反対でした。それくらい閉鎖的な制度だったのです。

一九二四年（大正一三年）に松方正義が死去すると、元老は西園寺公望一人になります。西園寺は一九三七年（昭和一二年）まで首相奏薦権を持ち続け、同年、第一次近衛（文麿）内閣成立に際しては、内大臣（湯浅倉平）が「元老の意見は聞くが、自分の責任で天皇に首相候補を奏薦する」と表明したので、事実上、ここで元老制度は終わりを告げました。一九四〇年（昭和一五年）の第二次近衛内閣成立に際しては、西園寺は内大臣（木戸幸一）に対して「自分はもう老齢であり、実際世の中のことが的確にわからない」と述べ、奉答そのものを拝辞しています。西園寺はその直後に死去します。生存中、後継元老の創設が論じられ、山本権兵衛などが候補に挙がりますが、西園寺自身がそれを拒否し、世論もそれを許すような状況ではありませんでした。

その先細っていく元老に代わり重臣が注目されるようになったのは、西園寺が老齢化した昭和初期のことです。一九三三年（昭和八年）には、重臣とは内閣総理大臣前官礼遇者と枢密院議長だと決められます（前官礼遇とは国務大臣、枢密院議長、宮内大臣、内大臣などとして功労のあった者に対し、退官後も在官当時と同様の礼遇を与えること）。

ただ前官礼遇を受けない総理経験者が出たため、以後、総理経験者はすべて重臣ということになりました。このため九一歳の総理経験者・清浦奎吾までが会議に出席したりしています。

天皇の側近中の側近――宮内三長官

さらにわかりにくいものといえば「宮内三長官」と呼ばれた「宮内大臣」「内大臣」「侍従長」

の存在です。皆、天皇の側近といえる立場にあり、いったいどのように役割分担していたのでしょう。

宮内大臣は宮内省の長官で、一八八五年（明治一八年）に内閣制度が発足したとき、宮内省を内閣の外に置き、皇室の機関としました。このように宮中（皇室）と府中（政府）を分けることを「宮中府中の別を明らかにする」といいます。そして、このときをもって千数百年間、少なくとも形式的には存在していた、君主が政（まつりごと）を行なうところであった「朝廷」が消滅したことになります。逆にいうと、ほんの百数十年前まで大和朝廷が続いていたということになります。なお宮内大臣はもちろん国務大臣ではなく、「皇室のこと」について天皇を輔佐する立場です。「皇室のこと」とひと口にいっても相当な仕事があります。宮内省の部局には侍従職、式部職、宗秩（そうちつ）寮、内蔵（くら）寮、内匠（たくみ）寮などがあり、式典、叙位（位階を授けること）、会計、建築物の保管などをつかさどります。ただ、国務大臣ではないといっても政局に無関心だったわけではなく、内大臣や侍従長と政界人事についてしばしば会談していました。

侍従長は侍従職の長で、親任官または高等官一等のポストで、一八九〇年（明治二三年）以後は内大臣の兼任、昭和期には海軍大将が任じられることが多く、これまた政治の動きと無関係ではなく、あるときは重臣とされることもありました。

内大臣も国務大臣ではなく、いつも天皇の近くにいて輔佐する機関です。内大臣を略して「内府」といい、その役所が内大臣府で、秘書官長を含めても七人前後しかいない小さなものでした。

もともと明治時代に守旧派の筆頭であった三条実美を「二階に上げて梯子を外す」ために設けられた名誉職でしたが、役所が小さいわりにはなかなかうるさい存在で、初代内大臣の三条実美は一八八九年（明治二二年）に黒田総理が単独辞職したとき内大臣のまま総理大臣を兼任しました し、一九一二年（大正元年）には侍従長兼内大臣だった桂太郎が組閣しています。また、たびたび首班指名に関与するなどまったく「宮中府中の別」は明らかになっていません。

難解だった内閣総理大臣任命の仕組み

戦前の天皇の数ある国事行為の中で最も大事だったのは「総理大臣の任命」ではないでしょうか。現憲法の規定では国会で議員が投票して過半数を得た者が総理に指名され、それを形式的に天皇が任命します。ところが戦前は違います。本来、明治憲法の条文からすると、天皇が内閣総理大臣を任命するにあたり、その輔弼責任は辞めていく総理大臣にありましたが、このことは明治のほんの一時期と、明治憲法下最後の総理・吉田茂任命のとき以外、実行されませんでした。ここでも憲法を無視して超法規的に処理されたのが実態です。

吉田の場合は辞職した幣原喜重郎が天皇に奏薦し、任命されました。その手順とは、総理が辞職すると天皇から「次の内閣はあなたが組織しなさい」という命令が降り、これを「大命降下」といいます。この段階の前に、時代によって違いますが、元老やら重臣やら宮内三長官やら軍部やらが動きます。組閣のめどがついたのち、総理大臣の親任式が行なわれ、続いて他の国務大臣の親任式が行なわれるのです。

大命の降下のあと、さまざまな妨害（主に陸軍）や思惑によって、たとえば宇垣一成のように総理就任辞退をした例があり、平沼騏一郎のように元老が推しているのに固辞した例もあります。

大正から昭和にかけて、政党内閣が健在だったときは、政権交代に「憲政の常道」が説かれました。すなわち組閣の大命を拝する者は衆議院の第一党の首領（党首）であること、第一党の内閣が倒れたときは第二党の首領が拝すること、第一党の首領が死亡したり病気で辞職するときはその党の後継首領が大命を拝すること、というものです。一九三一年（昭和六年）の犬養（毅）内閣まではこの原則が守られました。

犬養内閣の成立過程はこうです。天皇から下問を受けた内大臣は、元老に下問あるように奉答。侍従長は、元老あて書面を侍従職に届けさせます。翌日、元老が内大臣、宮内大臣、侍従長と面談。元老は第一党である政友会総裁の犬養毅を自邸に招き、犬養を奏薦する旨を伝えます。これを侍従長が天皇に復命。そして、犬養に大命が降下されました。

政党人にまだ光が見えた時代でした。もっとも、そうするもしないも元老の手の内にありましたから、結果的にこの時期、元老が「憲政の常道」に従って候補者を天皇に奏薦した、ということです。次の斎藤（実）内閣（一九三二年発足）が「憲政の常道」の否定の上に成立し、このとき「内閣組織者御下命の手続き」というものが定められます。

その手続きはこうです。総理大臣が総辞職を願い出たとき、内大臣は「次を誰にするか」という天皇の下問に対して、元老に下問あるように奉答。天皇は元老に下問。元老は内大臣及び重臣と相談すると奉答。天皇は、内大臣及び重臣に対して元老に協力するように述べる、というものです。それまでも似たようなことをして決めていましたから、それを整理しただけともいえます。

一九三七年（昭和一二年）には奏薦の責任者が事実上、元老ではなく内大臣に変わっています。前述したようにこの時期、唯一の元老・西園寺の老齢化で、内大臣が「元老に相談はするが自分が責任をもって奏薦する」といったためです。

一九四〇年（昭和一五年）には枢密院議長、元総理大臣を集め、内大臣と協議して近衛文麿に決まり、その後、秘書官が元老を訪問して相談する、ということになりました。要するに、元老に対してはただの事後報告です。元老の内閣総理大臣奏薦権は、ここに実質的に失われます。最後の元老・西園寺公望は最大の権限をなくしたショックからか、相談を受けても奉答をせず、その直後、死亡しました。

一九四一年（昭和一六年）の東条内閣のときは、一〇月一六日に、天皇が木戸幸一内大臣に後継内閣について下問。翌一七日、宮中にて重臣会議が開かれ、内大臣が強く推した東条英機に重臣八人中、五名が反対したにもかかわらず、内大臣が独断で天皇に私見を述べ、その結果、東条に大命が降下されています（これもあって木戸は戦後の東京裁判で終身刑に処せられた）。

サイパン失陥で責任を取らされた東条のあとの小磯（国昭）内閣は難産でした。一九四四年（昭和一九年）七月一八日、内大臣が東条内閣総辞職に伴い重臣会議を言上。天皇が内大臣に「平沼騏一郎に組閣の意思はあるのか」と尋ねます。内大臣は、否定の奉答をします。同日、重臣会議（九人出席。東条不参加）で、第一候補・寺内寿一元帥（南方軍総司令官）、第二候補・小磯国昭大将（朝鮮総督）、第三候補・畑俊六元帥（支那派遣軍総司令官）という雰囲気になります。内大臣はそのことを天皇に奏上、「シンガポールにいる寺内の起用は軍部に下問ありたく」と言上します。天皇は侍従武官長を通じて東条の意向を聞きますが、長州閥に敵愾心を燃やしていた東条は反対（寺内は長州閥の筆頭だった）。天皇は侍従長に「小磯お召し」の手続きを取らせました。二〇日、内大臣が天皇に「小磯・米内（光政）連立案」を奏上。重臣会議が再開され、内大臣が連立内閣について説明。内大臣は小磯・米内のお召しを奏上。小磯・米内に「協力内閣を組織せよ」との御沙汰が降ります。

内閣成立後、靖国神社に参拝した小磯国昭陸軍大将

　明治憲法最後の内閣は先ほど触れたように、一九四六年（昭和二一年）五月の第一次吉田内閣です。同年四月二二日、幣原内閣が総辞職。天皇から幣原に「しばらくの間、政務を見よ」との御沙汰があり、五月三日、幣原首相が鳩山一郎自由党総裁を奏薦すべく参内。翌日、ＧＨＱが三日付けで、戦前の言行や、朝日新聞紙上で米軍の原爆投下を非難したことを理由に鳩山を公職追放。五月一六日、幣原首相が吉田茂を奏薦し、吉田に大命が降下されました。

議会より強かった枢密院

元老・重臣と並んで、また広い意味で側近政治を可能にした機関がありました。それが枢密院です。

そもそも「枢密」とは「かなめとなるところの機密」という意味で、もともとは中国王朝の国家機関が語源です。一八八八年（明治二一年）に憲法審議のために設けられ、憲法制定後、憲法上の正式な機関になりました。ここは、元老と違うところです。

しかし目的は似ていて、「重要な国務について天皇の諮問にこたえる」ためのものです。当然のことながら大統領が元首の共和制国家にはこのような機関はなく、一方で君主国のイギリスでは現在も四〇〇名の枢密院顧問官が女王を常時、輔佐しています。

枢密院は外交関係や議院法、選挙法、行政裁判法などの法案や文官懲戒勅令、文官任用勅令、台湾総督府官制、学校令、国際条約の廃止等々、どれも「国家の根幹」ともいえる重要な決議を行なっています（ただし予算はノータッチ）。

これを憲法上の機関にすることには反対もあったのですが、憲法制定の中心人物・伊藤博文が押し切りました。その理由は「憲法変更の防壁」「内閣、議会間の衝突に対する天皇裁断にあたり相談相手が必要なこと」「内閣または議会の専断を抑制すること」「元勲優遇者を官界に留めるためのポスト」でした。明治憲法制定によりはじまる議会（とくに衆議院）に対する警戒感がうかがえます。伊藤の想定の範囲内か範囲外かはわからないものの、この枢密院が大きな力を持つに至ります。

枢密院は議長一人、副議長一人、顧問官二四人で組織され、四〇歳以上の男子から任命されました。元国務大臣、元軍人、元役人や学者たちです。

会議には現職の国務大臣、親王も加わり、勅命により会議に付された案件を審議して、その決議を上奏しました（枢密院自ら発議する権限はない）。ここでの決議を天皇が参考にする、というかたちです。そしてここがポイントですが、もし会議で枢密院側と内閣側が対立したとすると、国務大臣の数のほうが少ないので、内閣側が必ず負けてしまうのです。

その決議を天皇が採用するかどうかは首相の輔弼によって決まりますが、首相は自分も参加して決議した案件ですから、自分が反対だからといって、そういう上奏をするわけにはいきません。つまり、決議と反対の上奏をするということはあり得ないわけです。したがって、対立した場合には、結果的に枢密院側の意見が通りました。枢密院が内閣を補強するのではなく、内閣を枢密院の下に置く結果になったわけです。

すなわち、憲法においては国務大臣のみに輔弼の全責任を負わせているのに、それを著しく制約する機関を置いたことになります。伊藤博文は、果たしてここまで考えていたのでしょうか。

明治時代、伊藤博文存命中はまだ、内閣も枢密院も藩閥政治の職務分担のような関係にあったのですが、大正時代に入ると、政党政治とは相容れず、互いに対立牽制するようになりました。これは冷厳を極めたといいます。枢密院はたびたび案件を修正し、場合によっては否決して、さらには枢密院の権限拡張を内閣に要求しました。

この頃、山県有朋が長く枢密院議長を務め、配下の古手官僚や軍人を顧問官に入れています。「元老」の山県が実質的に「内閣の上にある枢密院」を牛耳っていたわけですから、その権限たるや絶大です。

しかし、そんな力を振るった枢密院も戦時になると一転、軍部を背景とする内閣の施策にすべてを一任しました。「軍人内閣が提出した案件について全員一致で賛同し異議を差し挟まなかった」そうです。

ちなみに親王（昭和期は秩父宮、高松宮、三笠宮、閑院宮が該当）の枢密院への関わり方は、皇室典範関係の会議には出たものの、皇族が政治に関与するかのような印象を与えるのを避けるために、日常的に出席することはありませんでした。

普通選挙、そして翼賛選挙へ

帝国議会は、貴族院と衆議院の二院から成っていました。原則として両院の権限は対等でしたが、衆議院には予算先議権が認められていました。もっとも、実質的な意義はありませんでした。

大正時代のデモクラシーあたりから貴族院の威信は低下し、一九三二年（昭和七年）までの政党内閣期には、衆議院が強い影響力を持っていました。

衆議院は一九二五年（大正一四年）から、納税額によって資格が生じる制限選挙（所得税年額三円以上、いまなら六〇〇〇円。当時、所得税を納めていた者は国民全体の約五％）を廃止して、普通選挙に移行しました。ただ、女性に投票権は認められず、また貧困により公的扶助を受けている者や現役軍人は除外されるなど制約の多い普通選挙でした。選挙権は満二五歳以上、被選挙権は満三〇歳以上です。

この選挙法はちょっと変わっていて、朝鮮と台湾に住む内地人には立候補する被選挙権はあっても選挙権はなく、内地に住む朝鮮人と台湾人には選挙権、被選挙権ともにありました。

一九二八年（昭和三年）からこの普通選挙が実施され、四年後の一九三二年（昭和七年）には朴春琴（パクチュングム）という内地在住朝鮮人が総選挙で当選しています。下町の東京四区（当時の本所区、深川区）から立候補し、新聞の予想記事ではまったく相手にされていませんでした。本人も「投票日の四日前から急に当局の弾圧が加わって、運動員が一五人も引っ張られ、せっかく順調に進んできたのが最後のもうひと息というところで駄目になってしまった」と投票日の新聞に語っています。

しかし、蓋を開けてみると、定数四の堂々三位で当選です。落選者にはのちの社会党委員長の浅沼稲次郎もいました。当時この選挙区に住み、選挙権を持っていた在住朝鮮人（約二五〇〇人）の数よりも遥かに多い得票数（六九九六票）でした。一九三六年（昭和一一年）の総選挙では落選するものの、翌一九三七年（昭和一二年）の総選挙で八〇〇〇票を集め、復活当選しています。そして、次の一九四二年（昭和一七年）の総選挙が、東条内閣によるいわゆる「翼賛選挙」です。この選挙は、翼賛政治体制協議会なるものが発足して、ここが候補者を推薦するというかたちでした。選挙前、警察筋が衆議院議員調査票という現職議員の評定書を作成し、その中で甲・乙・丙の三段階評価をしました。朴春琴は一番下の丙で、丙は全国に一三八人もいました。丙に対する警察筋の評価はこうです。

「時局認識薄く、いたずらに旧態を墨守（ぼくしゅ）し、つねに反国策的・反政府的言動をなし、または思想的に代議士として不適当なる人物と認められる者」

しかしなぜか東京四区では朴を含む三人が推薦され、朴を除く二人が当選、非推薦が二人当選しています。推薦候補は全国で八〇％の当選率なのに、東京四区は非推薦が半分入っているという特異な選挙区でした。

朴も最後は落選しましたが、二回も当選しているということは、よほど下町の庶民層に好かれていたのでしょう（朴は在職中、日本政府の朝鮮人差別を追及するなど朝鮮の民族的利益のために活躍したが、現在の韓国政府は彼を民族反逆者に指定している）。

上院としての貴族院

門地（家柄）、富、学識などにより、社会の上層を代表した者が議員になり、「公正慎重なる態度をもって衆議院を牽制することを期した」のが貴族院です。衆議院は薩長閥の専横を抑制しようとする明治天皇の強い希望で実現した機関ですから、薩長としてはこれに対抗する必要があったのです。

その構成メンバーは次のようなものです。

すべての皇族男子は成年になると自動的に終身議員となります。ただし、大半の皇族男子は軍人になっていたため会議にはほとんど出席しませんでした。

公爵と侯爵も三〇歳になると自動的に終身議員となりました。ただ、議員として活動することはほとんどなく、本会議への出席すら充分ではありませんでした。救いとなるのは、皇族議員と同じく歳費（報酬）がないことでした。

伯爵、子爵、男爵も、そのそれぞれから一八％程度が同爵者間で選挙して選ばれました。定員は伯爵が一八人、子爵と男爵がそれぞれ六六人です。任期は七年でした。

国家に勲功や学識があるとされた三〇歳以上の男子から選ばれたのが勅選議員で、定員は一二五人、官僚出身者が中心でした。他に比べれば有能な人材がおり、良しにつけ悪しきにつけ、彼らが貴族院そのものをリードしました。昭和年間には、官僚出身が三九％、財界二五％、元大臣一六%、元代議士八%、大学教授四%、軍人三%の割合で選ばれています。彼らは終身議員です。そのほか、帝国学士院互選議員が四人（任期七年）と、朝鮮・台湾人勅任議員が一〇人（任期七年）、多額納税者互選議員が六六人（任期七年）いました。

多額納税議員とは、各道府県の三〇歳以上の男子で高額の直接国税を納める者の中から互選したものです。ならば財閥や大会社の社長あたりが貴族院議員になったのだろう、と思うのは早計で、土地の所有と商工業によって発生した税金（地租や所得税）に限られましたから、議員になるのは地主層と個人商工自営業者ばかりでした。自分の資産を会社の株券にして高額の配当や給与を受けていた者は資格が得られない、という不思議な制度です。莫大な収入のあった財閥の当主たちも地租（いまの固定資産税）はあまり納めていなかったため対象外でした（一部財閥関係者は対象になったがそれは広大な屋敷の地租を払った場合）。制度のできた明治中期の税収のトップは地租でしたから、地主にゴマをする必要があったのでしょうか。

ともかく、この多額納税者互選議員は政治活動などほとんどしない者たちで、悪評高い貴族院制度（現在の参議院と同じく不要論が盛んで、一九二六年には『貴族院無用論』という本が堂々と出版されている）の中でも輪をかけて評判の悪い存在でした。

衆議院――政友会と民政党

昭和戦前期の政権の担い手であった政友会と民政党は、一九四〇年（昭和一五年）に近衛文麿が唱えた新体制運動に基づく新党（大政翼賛会）樹立に期待して、解党してしまいます。しかし、まったく無力になったというわけではなく、その後も政治的には大きな影響力を持ち続けました。両党は戦後、保守系の自由党や進歩党や民主党を経て自由民主党となりますが、当時は「保守党」という呼び方はなく単に「政党」あるいは「既成政党」と呼ばれました。

ここでは主に両党の組織・人事などについて検討してみます。

総裁の選出は両党とも大会での選挙によることになっていましたが、実際は幹部や領袖（りょうしゅう）の話し合いで決まり、当日は議長一任により拍手で決定しました。ただ一九三六年（昭和一一年）、総選挙で総裁が落選するなど、民政党に大惨敗を喫した政友会では総裁を選出できず、鳩山一郎ら四名が総裁代行委員を務める集団指導体制になったこともありました（一九三九年まで）。

総務には両党とも本部総務と院内総務があり、党幹部として重要な役目を担いました。院内総務は議会内で相手党との交渉に任じましたが、院内総務になることは代議士にとってとても名誉なことで、これを首尾よく務めると、次は本部総務となります。

幹事長の役割は、両党で表現がやや異なりますが、党の人事と資金を握り、総裁を輔佐しました。

年一回の党大会は党則にも最高決定機関とは明記されておらず、動議の満場一致の可決、出席者による万歳三唱、その後の総裁招待による懇親会というかたちで開催されました。通常、決議は「今議会におけるわが党の行動は、これを議員総会の決議に一任す」とすることが決まりでした。

議員が党に納める党費は年一〇〇円（＊二〇万円）、二〇〇人の所属議員がいても二万円（＊四〇〇〇万円）の党収入にすぎず、運営費二〇万〜二五万円（＊四億〜五億円）の一〇分の一にも足りないといわれました。結局、党資金は総裁が工面すべきものとされ、それができない総裁は党内を支配し得なかったといいます。

議員の総選挙に要する費用はケタ違いであり、「五負け」（五万円以下では落選するという意味、五万円はいまの一億円）などという言葉もあり、当選圏で戦うためには一人六万円（＊一億二〇〇〇万円）から一〇万円（＊二億円）ほど必要とされていました。

「粛軍演説」で軍部を追及した民政党の斎藤隆夫や、陸軍大臣と「腹切り問答」を行なった政友会の浜田国松など、両党には気骨を見せつけた代議士もいましたが、当時の両党による二大政党制は政策の優劣を競い合うものではなく、反対党の失点を自党の得点にしようとするものでした（この点は現在の国会と似ている）。このためスキャンダルが続出、また過剰なまでの相互攻撃などで、政党政治に対する失望が高まり、満洲事変以降、国民は軍部に期待するようになります。

ところで、この頃の政界には「院外団」という特異な団体がありました。これは、議会外の政党活動に従事する、議員以外からなる集団で、政友会にも民政党にも存在し、時には議場に闖入（ちんにゅう）して狼藉を働くのも仕事としていました。そのほか、相手候補の演説会荒らし、有権者の投票所への駆り出し、選挙事務所の警備、代議士護衛などに任じ、場合によっては自ら演説もしました。一九二八年（昭和三年）当時、東京だけで二六〇〇人もの団員がいたといいます。団長は落選中の代議士が務め、両党ともに常任幹事を三人、幹事を二〇人ほど置いていました。団員の大半は食い詰めて入団するならず者でしたが、中には代議士を志す者もいて、一部の者はその志を達しました。首相官邸でピストルをぶっ放したエピソードで知られる民政党の中島弥団次、戦後に衆議院議長にまでなった政友会の大野伴睦がその代表です。

院外団の出身者は、「院外団は決して暴力団ではない、だが腕力団くらいのことはあった」としています。戦後も、吉田茂率いる自由党内に正式に「自由党院外団」がつくられたことがあります。

議員はいくら貰っていた？

内閣総理大臣以下、官吏（公務員）の俸給（給料）は勅令で決められ、貴衆両院議長、副議長、議員の歳費は議院法で決まっていました。

議長は年に七五〇〇円（＊一五〇〇万円）、副議長は四五〇〇円（＊九〇〇万円）、そして議員は三〇〇〇円（＊六〇〇万円）でした。議員は総理（九六〇〇円）の三分の一以下、中央官庁の若手課長（三六六〇円）以下、陸海軍中佐（三二二〇円、一九三一年以降）以下です。多額納税者議員にとってはどうでもいいことでしょうが、やはり国権の最高機関であるいまとは、待遇面からして違いました。

また、貴衆両院の議員数は約八六〇人で、内地人口七万五〇〇〇人につき一人の割合です。いま衆参両院の議員数は七一七人、一七万人に一人で、まだ多いといわれていることを考えると、昔はずいぶん頭でっかちだったということになります。

ところで、日本の議会が貴族院と衆議院だった頃の名残りが、いまもあります。現在、衆議院議員を「代議士」といいますが、参議院議員はただの「議員」です。これは貴衆時代もそうで、衆議院議員だけを「代議士」といっていました。この時代、貴族院議員は民衆を代表しておらず、衆議院議員だけが国民のために代議政治を行なう、という認識があったのでしょう。戦後、衆参ともに民衆を代表するようになったため、「同じものが二つある」という具合になったのですが、参議院議員を「代議士」と呼ぶようにはなりませんでした。また、いま「総選挙」といえば衆議院選挙をいい、参議院の選挙を「通常選挙」と呼ぶのも、貴族院議員選挙がこう呼ばれていたのを引き継いだものです。

ちなみに、現憲法の第七条「天皇の国事行為」の四号は、「国会議員の総選挙の施行を公示すること」となっていて、通常選挙のほうは書かれていません。これはマッカーサーの憲法原案が一院制であったために書き忘れたもの、といわれています。

なお、現在の議員の収入は年間五二〇〇万円（歳費だけで約二二〇〇万円、そのほかに、使途不明金の元凶になりやすい諸手当てが三〇〇〇万円ほど）もあります。

必ずしも「華やか」ではなかった華族

華族が誕生したのは一八六九年（明治二年）です。それまでの公家諸侯の称を改め、まとめて「華族」として、東京に住むことを義務づけました。一八八四年（明治一七年）には華族令を制定して、従来からの華族と、維新以来の功労者（新華族）に五爵、つまり公爵・侯爵・伯爵・子爵・男爵のいずれかを授けました。華族は、西洋でいえば貴族にあたります。

一九四七年（昭和二二年）に新憲法によって華族制度が廃止されるまでに一〇一一人が叙爵され、廃止時の華族は八八九家でした。

公爵、侯爵、伯爵あたりには、歴史の教科書にも出てくる名前が並んでいます。

公爵──西園寺公望、島津久光、徳川慶喜、伊藤博文、大山巌、桂太郎、山県有朋、松方正義など二〇人で、公卿、徳川家、薩長閥に限られていました。

侯爵──井上馨、大隈重信、小村寿太郎、西郷寅太郎（隆盛の嫡男）、大久保利和（利通の嫡男）、木戸正二郎（孝允の養子）、東郷平八郎、野津道貫（みちつら）など。

伯爵──板垣退助、伊東祐亨（すけゆき）、勝海舟、黒田清隆、児玉源太郎、後藤新平、後藤象二郎、乃木希典（まれすけ）、陸奥宗光、山本権兵衛など。

爵位は世襲されますが、有爵者の戸主（男子）とその家族だけが華族で、次男や女子が家を出れば平民です。

華族は藩屏（はんぺい）（皇室を守る砦）という位置づけでしたが、そのわりには、たいした特権を与えられてはいませんでした。最大の特権は、公・侯爵は全員が貴族院議員になれる（無給）、伯・子・男爵は互選で貴族院議員になれる（有給）、というものでしょう。しかし、それでも俸給は年三〇〇〇円（＊六〇〇〇万円）と大学助教授くらいですから、それだけの収入では、とうてい体面を保つほどの生活はできません。伯・子・男爵は、互選で五分の一ほどが議員になれました。

ほかには、爵位に相当する礼遇を受けられること、家憲（家族、子孫が守るべき家の掟）が法的効果を持つこと、差し押さえできない世襲財産を設定し得る、という特権がありました。世襲財産とは、土地と公債証書で毎年五〇〇円（＊一〇〇〇万円）以上の純収益を生じる財産で、宮内大臣が管理しました。しかし、世襲財産特権を設定できた、つまり年に五〇〇円以上の利益を受け取れた華族は一九〇九年（明治四二年）でわずか二六％で、男爵に至っては七％ですから、「華族」という言葉の響きほどには華やかでもなさそうです。また、プロイセン貴族にあった軍役免除、免税特権、地域支配権などに比べると、かわいいものです。

このように華族は、国から基本的には給料も手当ても支払われませんから、結構その内情は大変な人が多かったようです。その中で傑出して裕福だったのは旧大藩のいわゆる「大名華族」で、一八八七年（明治二〇年）の全国所得番付ベスト三〇の中に一五人も入っています。ただそれも、徐々に没落し、一九三三年（昭和八年）になると三人に減っています。

かわいそうなのが、もとは京都にいた「公卿華族」でした。本来たいした資産もなく、それでいて体面だけは保たなければならないのですから、その貧窮ぶりは当時の新聞や雑誌でもさんざん書かれているほどです。「奈良公園で鹿のエサを売っている華族がいる」と書かれたこともあります。

そこで、とくに貧乏な公卿華族や奈良華族（僧侶出身の男爵）を対象に旧堂上華族保護資金令などが出され、男爵華族には家計上、保護を要する者に年三〇〇円（＊六〇万円）が支給されるようになりました。月二五円（＊五万円）といえば、当時の月給取りの半分以下の収入ですから、この程度の金額を必要とするほど貧しかったということです。叙爵された男爵家の一〇％以上が「ありがた迷惑」とばかりに爵位を返上したというのもよくわかります。

ところで、華族になると貴族院議員になる資格を持ちますから、衆議院議員にはなれなくなってしまいます。ですから、現職の衆議院議員や立候補を予定している者にとって「華族」という身分は邪魔なだけの存在でした。政友会総裁の原敬などは総裁になる前から叙爵を警戒して、叙爵されないように運動していました。

あるいは大衆に人気のあった高橋是清などは、衆議院議員に立候補するため子供に家督を相続させ子爵の爵位を渡し、自分は分家してわざわざ平民になりました。

公・侯爵ならいざ知らず、日本の華族は、領地を持ち小作人に貸していた西洋の貴族のように華やかで誰しもがなりたがる雲の上の人々、という存在ではなかったようです。

敗戦後、闇成金のような男のところに嫁いだ旧華族出身の女性が話題になったことがありましたが、戦争で暮らしが成り立たなくなったのではなく、その前から苦しい生活だったということです。

一般庶民からすれば滑稽な「宮中席次」

皇族を除いて、宮中で何かの儀式があるときに、その座る順番（天皇により近い位置）を定めたのが「宮中席次」でした。

当時は従一位とか正二位という位階や公爵、侯爵、伯爵という爵位、勲一等、勲二等などの勲等、さらに親任官、勅任官といった官位、官等もあり、確かに、誰が誰の上なのか、勲一等と侯爵と大臣と陸軍大将では誰が一番上なのか、といったことを事前に決めておかないと、そのつど大混乱をきたしたでしょう。またその世界では便利なものだったでしょうし、一般の感覚では滑稽でも、本人たちにとっては名誉がかかっていましたから、この席次問題は真剣なものだったのでしょう。

もっとも、この席次問題はいまでも見受けられます。会社の集まりなどで、お偉いさんたちをどの席につけるか、創業者である名誉会長にどの席を用意するのか、うるさ型の相談役をどの順番に座らせるのか、社長と名誉会長の挨拶の順番をどうするのかなど、ちょっと間違えれば総務課長の首が飛んだりします。ならいっそ、事前に席次順を決めておこうと思ったとしても、不思議ではありません。つまり席次とは、人間社会の性（さが）なのでしょう。

宮中席次は一八八四年（明治一七年）の宮内省達で定められ、その後しばしば改正されて、一九一五年（大正四年）に制定された皇室令が、ほぼそのまま終戦直後まで続きました。最初は、わざわざ「あくまでも宮中における席次であって職務とは関係がない」と断わりが入っていましたが、次第に「地位の高低を表わすもの」という扱いになっていきました。

この皇室令によれば第一～第七〇までランクが定められていて、第一が大勲位、第二が内閣総理大臣、第三が枢密院議長、第四が元勲優遇のため大臣の礼遇を賜った者、と続き、第七〇は勲八等、となっています。

内閣総理大臣が死亡した場合などで代理を誰が務めるかというとき宮中席次最上位の大臣がなったり、閣僚名簿も宮中席次順に書かれるようにもなっていきました。当時の序列意識からすれば当然のことだったのかもしれません。

なお、正一位は宮中席次には入りません。実は正一位はお稲荷様や故人に贈られたものですから入れる必要がなかったのです。明治時代に楠木正成、新田義貞、岩倉具視、和気清麻呂、三条実万（さねつむ）、徳川光圀、島津斉彬、毛利敬親、徳川斉昭、近衛忠煕（ただひろ）、毛利元就、北畠親房、三条実美（臨終時に贈られた）、大正時代には豊臣秀吉、織田信長に、それぞれ贈られています。ちなみに、皇族に位階はありません。

山県有朋は宮中席次に名を連ねるための資格を一〇個も持っていました。ランク順に並べると、大勲位、枢密院議長、元老、元帥、元総理大臣、陸軍大将、功一級、公爵、従一位、貴族院議員、です。陸軍を牛耳り、元老として絶大な権力を振るった山県ですから、このくらいあっても不思議ではありません。このように複数該当する場合には最高位が適用されました。

功一級とは武勲を挙げた軍人だけが受ける金鵄勲章の等級の最高位です。勲章は七級まであって、将官は一～三級、佐官は二～四級、尉官は三～五級、准士官は四～六級、下士官は五～六級、兵は六～七級。これには終身年金がつき、功一級で年一五〇〇円（＊三〇〇〇万円）、七級でも年一五〇円（＊三〇〇万円）支給されました。日米戦争中には六二万人が受章しましたが、戦後、GHQにより廃止され、佩用も禁止となりました（一九八六年、中曽根内閣のときに佩用は解禁）。

奇兵隊士の身分から総理大臣・元帥まで昇りつめた山県有朋

岡田（啓介）内閣のときの閣僚名簿は宮中席次順で、高橋是清大蔵大臣、後藤文夫内務大臣、大角岑生海軍大臣、広田弘毅外務大臣の順でした。国務大臣は全員同格なのですが、その場合は任官順で、前の斎藤内閣のときに国務大臣だった後藤、大角、広田がそのときの席次を持ち越し、五カ月遅れて入閣した高橋は本来最下位になるところを、元首相でそれまでたびたび入閣している上、前官礼遇を賜っているために、例外規定により最上位になりました。

二・二六事件で岡田首相が一時、行方不明、生死不明になったとき、総理大臣臨時代理を置くことになりましたが、最上位の高橋が殺害されていたため、次の後藤がついた、ということがありました。このような一刻を争う非常事態では、国務大臣を集めてあれこれやっている暇はありませんから、このときには席次順も役に立ったわけです。

また宮中席次で異様にランクが低いのが議会関係です。貴族院議長と衆議院議長は一二番目のランクで、一一番の親任官の下です。大臣、朝鮮総督、陸海軍大将など主だった親任官の多くは第二ランクから第一〇ランクに入っていますから、それ以外の親任官、検事総長、特命全権大使、会計検査院長、行政裁判所長官、台湾総督などの下です。いまなら立法府の長なのですから当然、最高ランクでしょう。宮中席次が最初につくられたのが一八八四年（明治一七年）で、まだ議会がないときですから、それが影響しているのかもしれません。おそらく「新参者扱い」をされたのでしょう。

議員に至っては貴族院議員、衆議院議員ともに第三九ランクです。第四〇ランクが高等官三等で、官庁の課長、陸海軍大佐といった者たちですから、それと同じようなランクです。この時代でも、法律や予算は議会を通さなければならなかったのですから、それなりの力を持っていたわりには、やはり低いものでした。このことは当時からいわれていて、大正時代にはこれが問題視され、内閣が宮内省に順位繰り上げの要請を行ないましたが、宮内省に無視されました。こののちも議会関係者は事あるごとに繰り上げ要請をしますが、ことごとく失敗します。

ようやくそれが実現したのは、敗戦のおかげです。思わず笑ってしまいそうですが、本当のことです。

一九四五年（昭和二〇年）一二月、旧宮中席次制度廃止直前のこと、突如、議会関係者の間から宮中席次向上問題の議が起こり、ただちに決定、改正されました。まだ戦後一回目の総選挙が行なわれていないときですから、戦前の議員がそのまま残っているときです。すごい執念というか、怨念です。

議長は第六ランクの、もうなくなった朝鮮総督のところに入り、副議長は第一二ランクだった議長のところに入り、議員は第二四ランクの高等官二等の次のランクへと大幅にジャンプアップしました。これでやっと平議員も従二位、伯爵などの上になりました。

この頃は敗戦直後で、皇室がどうなるかわからず、宮中で晩餐会を開くどころの騒ぎではなかったはずです。それにしても、国民が皆、食うや食わずのときに、このようなことに執念を燃やしていた政治家たちには驚きます。現在は宮中席次などないことはいうまでもありませんが、宮内庁では暫定規定を置いていて、それは大勲位、内閣総理大臣、衆議院議長、参議院議長、最高裁判所長官、国務大臣……と延々と続くのですが、このくらいで止めておきます。

非常に強力だった警察の権力

日本が明治初期に導入した警察制度はイギリス、フランス、ドイツを模倣したものでしたが、それらの国が自治体警察を部分的にも採用していたのに対して、日本は徹底した中央集権的国家警察制度にしました。

かたちとしては内務大臣が全国の警察権を握り、警保局を通じて警察事務を行ない、各府県では知事が内務大臣の指揮を受け、警察部が警察事務を執る、というものでした。

しかし実際には警察行政を内務省警保局が握り、人事・法令の立案をもって全国府県警察を強力に統制しました。警保局自体は、大半が警察官としての権限を持たない一般官吏ばかりでした。なお、東京府だけは警察を知事に任せずに、警視庁に警視総監を置いて内務大臣の直轄にしました。ということは、内務省警保局の直轄だったということです。

いま、他の自治体ではトップを「県警察本部長」というのに、東京だけ「警視総監」といい、普通は県庁と県警本部は同じところにあるのに、東京都庁は新宿、警視庁は霞が関にあるというのは、このときの名残りです。

警保局は警視庁を使い、内閣総理大臣や内務大臣の手足、耳目となって情報を収集し、政治的判断を加え、時の政権のために奉仕しました。

戦前、警察が驚くほどの権力を持っていたのは、中央集権的国家警察というばかりではなく、さまざまな許認可権を持っていたことも大きな理由です。

行政分野において営業、衛生、工場、建築などに関する業務が行なわれ、これらの行政事務にまつわる許認可の行政処分、法規の制定、科罰の権限まで認められていました。行政検束、即決処分など、いくらでもできました。土地建物の強制収用、使用など、個人の財産権に関することでも、強力な権限を持っていました。

この警察機構の中にあって、昭和初期まで成果を挙げたのが高等警察です。これは政治警察のことで、政治運動、政党活動に対処するために置いたものであり、フランス警察の伝統ということです。政党の動向や選挙取り締まり、干渉などを担当していましたが、一九三二年（昭和七年）の五・一五事件以降、政党内閣が消えたため対象がなくなり、一九三五年（昭和一〇年）に廃止されています。

似たような名称の、悪名高い特別高等警察（当初は特別高等課）が警視庁につくられたのは、一九一一年（明治四四年）です。こちらは各種社会運動の取り締まりを任務にしたので「思想警察」ともいいました。「特高」と省略されることも多いものです。一九二八年（昭和三年）には全府県に特別高等警察課が置かれました。

陸軍の憲兵隊に特高課があったのでそれとよく混同されますし、高等警察と間違われることもありますが、これは別物です。馬鹿な警察官がコメディアンのマルクス兄弟のお笑い本を「資本論」と勘違いし押収したなどとからかわれるのは、この思想警察のほうです。

　取り締まりの対象は「労働運動」「農民運動」「無産政党運動」「水平運動」「学生社会運動」「消費者組合運動」「文化運動」「社会主義運動」「共産主義運動」のみならず、右翼・左翼すべてが対象ですが、右翼は左翼がつぶれたあとのことです。「ファシズム運動」「国家社会主義運動」「農本主義運動」など「運動」と名のつくものはすべてです。何でもない雑誌記事にイチャモンをつけて検束したり、小説家の小林多喜二を獄中で拷問死させたりと、やりたい放題でした。「秘密警察」ともいわれますが、ナチスのゲシュタポのような秘密組織ではなく、係官は職員録にも載っている公然たる行政機関でした。ですから、戦後ＧＨＱから秘密警察の廃止を命じられたとき、当人たちは自分たちのこととは思わなかったようです。

　彼らはスパイを潜入させ、拷問を行ない、法を乱用しましたが、それは当時の世界の警察では当たり前のことで、特別高等警察に限りませんでした。

　また、全国の特高を統制していたのは内務省警保局の保安課で、全国の特高課長人事を握り、全国一斉検挙などの指令を出していました。戦後、特高警察官は一斉罷免になっていますが、保安課長と所属員は内務事務官という名であって警察官ではなかったため、罷免には該当しませんでした。ただし、課長は自発的に辞職しました（のちに復活）。

　昔の警察でいまより優れているところは、非常に簡素な組織だったということです。いまある管区警察局などなく、中央も警察庁といった大袈裟な組織でなく警保局一局でした。府県の警察部もいまの県警本部が数部を擁しているのに反し、部長一人であとは数人の課長たちです。もちろん現在の警察は「特高警察」はなくなっても仕事が格段に増えているのは事実です。

人を無期限に拘束できた「治安維持法」

特別高等警察と表裏一体で記憶されるのが、これまた悪名高い治安維持法です。この法律は一九二五年（大正一四年）につくられ、一九二八年（昭和三年）、緊急勅令をもって強化されています。

国体の変革に対する罪と罰、私有財産制の否認に対する罪と罰が並んでいて、基本的には、結社弾圧を法的に可能にしたものです。結社とは、具体的には共産党、共産青年同盟、日本労働組合全国協議会を指します。のちには、大本教のような宗教団体も標的にされました。

一九二八年（昭和三年）の改正で、それまで「一〇年以下の懲役」だった罰が「死刑・無期・五年以上の懲役」というように重くされました。

この改正は、当時から数々の問題点が指摘されていました。前議会で成立しなかったものを緊急勅令で改正、強行したこと、死刑を導入したこと（実際に内地で死刑になった者はいない、逆に犯人を捕らえようとした警察官が撃たれて殉職している）、さらに「結社の目的遂行のためにする行為をした者を罰する」としたことです。取り締まる側の主観で「結社の役に立っている」

と思えば、犯罪が成立してしまいます。現に、そのように運用されました。

一九四一年（昭和一六年）になるとさらに改正、強化されます。結社に至らない集団をも禁じ、罰則も厳しくし、それまでは刑事訴訟法によっていたものを特別扱いにして簡素化します。さらに「予防拘禁」という制度を導入します。

特別扱いとは、本来、判事が行なっていた仕事の一部を検事に移して、三審制を二審制にしてしまったことです。

予防拘禁は、刑の執行が終わり釈放するときに「再犯のおそれがある」と判断される者を強制的に収容することです。そうした者たちは東京・中野の豊多摩（とよたま）刑務所の中に置かれた東京予防拘禁所に入れられました。とりあえず期間は二年でしたが、必要と判断されれば延長されるので、無期限収容が可能でした。なお予防拘禁所は内地に比べて朝鮮のほうが大規模でした。それだけ朝鮮の反日運動が厳しかったのです。

裁判の仕組み――陪審員の経費は被告が出した

戦前の裁判所は、大審院、控訴院、地方裁判所、区裁判所の四種類で、裁判は三審制を主にしていました。これを「四級三審制」といいます。「内乱等特別の罪」は大審院だけで裁かれましたから、これを除けば、現在の三審制とさほど変わりありません。

いまの最高裁判所にあたるのが大審院ですが、制度上の位置づけはいまより格段に低く、大審院長は国務大臣より低い格付けで、大審院判事の俸給は官庁の課長並みでした。

当時の刑事裁判には、現在とは違う制度がいくつか敷かれていました。

一つは「予審制度」です。地方裁判所と大審院の第一審にのみあった制度で、判事が事件を公判に付すかどうかを決めるために、必要な事項を取り調べるものです。

さらに近年、日本で裁判員制度として復活した「陪審裁判制度」も、戦前の大きな特徴の一つです。一般国民から選ばれた一二人の陪審員が罪にあたるかどうかを過半数をもって決しました。陪審員は外部から遮断され、陪審員会議室から直接、陪審員席につきます。アメリカの裁判映画通りの光景です。

裁判所が陪審員の答申を正当と認めればそれに従って量刑を決め、答申を不当とするときは陪審員を変更して何回でも答申させることができました。いまと違い、陪審員になるのは、年額で国税三円（＊六〇〇〇円）以上納入の三〇歳以上の男子に限られていました。死刑・無期に関わる事件は「法廷陪審」で行なわれ、三年以上の刑の事件では被告人の希望によって行なわれる「請求陪審」でした。

この陪審裁判制度は、陪審員の資格制限や、有罪の場合、陪審員の経費は被告人が負担することなどが問題点としてたびたび挙げられることになるのですが、当制度の第一号事件（一九二八年一二月一七日）でさっそく物議を醸（かも）しています。この事件は「美女放火事件」と呼ばれるもので、逮捕されたのは山藤寒子、当時二一歳です。寒子は有名女学校の出で美しい顔立ちをしていたためこのように報道され、世間の注目を集めました。はじめ、寒子は、保険金目的の犯行であったことを自白し、警察は供述通り放火に使った灯油缶も押収しました。ところが法廷で寒子は「自白せねば帰さぬ、と刑事に脅された」と犯行を否認、さらには夫が事業に失敗し舅(しゅうと)や子供を養うために辛酸をなめたと切実に訴えました。もらい泣きした陪審員も多く、協議の上、寒子の無罪を評決、彼女は免訴となりました。たまたま「初の陪審員裁判」ということで傍聴に来ていた司法大臣は思わず記者団に、「この制度は日本人には向かないのではないか」と漏らしています。

この例は極端としても、この制度が施行されていた一五年間（一九二八〜一九四三年）の無罪判決率は陪審のない時代に比べてかなり高く、「人権擁護的側面がある程度発揮された」との評価もあります。

いまはない戦前だけの罪と罰

一九四七年（昭和二二年）の刑法改正で消え去った、戦前期だけの法律がいくつかあります。最も知られているのが、俗にいわれる大逆罪・不敬罪です。正式には「皇室に対する罪」で、天皇、皇后、皇太子などに危害を加えた者、危害を加えようとした者は死刑で、不敬行為のあった者は三カ月〜五年の懲役です。また皇族に対して危害を加えた者は死刑、加えようとした者は無期、不敬は二カ月～四年の懲役でした。敗戦後も日本政府は存続をＧＨＱに嘆願しましたが、拒絶されています。

「外患に関する罪」（外国と連絡して日本国に対し武力行使させる、またはそれに助力する罪）というのもありました。具体的には、兵器を敵国に渡したり軍用施設を破壊した者は死刑、もしくは無期。敵国のためにスパイをしたりそれを助けたり、軍事施設の情報を敵国に漏らした者も死刑、もしくは無期、または五年以上の懲役でした。戦後廃止され、現在は刑法（八一条）に「外国と通謀して日本国に対し武力を行使させた者は、死刑に処する」とだけ定められています。

また「国交に関する罪」というのもありました。日本において外国元首使節に暴行脅迫を加えた場合一～一〇年の懲役、侮辱した者は三年以下の懲役でした。ただ戦前、天皇が外国を訪問することがなかったのと同様、外国元首が来日することは極めて稀で、明治時代にハワイ国王が世界旅行の途次来日したとか、一九三一年（昭和六年）にシャム国王が眼病治療で渡米の途次寄ったとかのほかは、満洲国皇帝や一九四三年（昭和一八年）の大東亜会議出席者など、わが国の勢力範囲からの訪日者に限られていました。

そのほか、姦通罪のような罪もありましたが、これについてはあとで触れることもあるかもしれません。

ところで、明治憲法では男女平等は謳っていませんが、否定もしていません。各種の法令では種々の男女差別を規定していましたが、それは憲法によったものではなく、社会の性差意識によるものであって、それさえ変えれば明治憲法下でも差別をなくすことは可能でしたし、現憲法下でもしばらくの間、差別の残っている法令もありました。

明治憲法下における女性差別の最も甚だしいものは選挙権、被選挙権を認めなかったということでしょう。一九二五年（大正一四年）の衆議院議員選挙法改正により普通選挙が実現しましたが、このときも女性は除外されたままでした。また女性が官吏になることを一般的に禁止した法律はなかったものの、当初、女性を任官することは予定していなかったと見られます。女性の文官高等試験受験は一九〇九年（明治四二年）に認められ、実際の合格者は一九三八年（昭和一三年）にはじめて出ました。また女性弁護士は一九三三年（昭和八年）になってはじめて誕生しています。

なお戦前の学校は男女別学であり、小学校でも低学年を除いて男女別学級とすることが多く、中学からは男子の中学校・高等学校と女子の高等女学校とし、たとえ種類は同じであっても師範学校と女子師範学校といったふうに、まったく別の学校にしたりしました。これは「男女七歳にして席を同じうせず」という中国の『礼記（らいき）』の影響を受けたもので、一八八〇年（明治一三年）に太政官布告で「凡（オヨ）ソ学校ニ於テハ男女教場ヲ同ジクスルコトヲ得ズ、但シ小学校ニ於テハ男女教場ヲ同ジクスルモ妨ゲナシ」と定めたのでした。敗戦後、ＧＨＱの命令で、男女別学は封建制の象徴とされ、廃止となりました。

これらの女性差別と逆に、女性に甚だしく有利だったのが、兵役に服する義務がなかったことです。明治憲法では「日本臣民ハ兵役ノ義務ヲ有ス」として男女の別を認めていなかったのですが、一九二七年（昭和二年）の兵役法で「帝国臣民タル男子ハ兵役ニ服ス」と定められました。ところが一九四五年（昭和二〇年）三月、本土決戦に備え義勇兵役法がつくられると、一五歳から六〇歳までの男子のほか、一七歳から四〇歳までの女子を義勇兵にすることが定められます。ただこれは終戦により実施されなかったので、結果的に、わが国では女子は兵役に服さずに済んだのでした。

ところで、このように終戦間際には女子に兵役を課すまでになった軍事関連の法律は、いつ頃から戦時体制の色を濃くしていったのでしょうか。それは日中戦争が勃発してからで、以後、続々と立法されていきます。

一九三七年（昭和一二年）「軍機保護法」は作戦、用兵、動員、出師（すいし）（海軍の用語で陸軍の「動員」に同じ）その他、軍事上の秘密が漏れるのを防ぐことを目的につくられました。

一九三九年（昭和一四年）「軍用資源秘密保護法」は物的資源を外国に対して隠すためです。

一九四一年（昭和一六年）「国防保安法」では外交、財政、経済、重要な国務（御前会議・枢密院会議・閣議・帝国議会秘密会議の議事）を国家機密として保護の対象にしました。機密を漏らすことはすべて、死刑を含むかなり重い罰則がついています。

このあたりまでは軍事・政治機密に関するもので一般市民に直接関係はありませんが、次第に市民・庶民レベルのものが出てきます。

一九四一年（昭和一六年）には「安寧秩序に対する罪」という曖昧なものがつくられました。条文では少し具体的に内容が示されています。人心を惑わす目的で虚偽の事実を流布した者は五年以下の懲役・禁錮または五〇〇〇円以下の罰金です。五〇〇〇円はいまの一〇〇〇万円に相当しますからかなりの罰金です。銀行預金の取付その他経済混乱の目的で虚偽の事実を流布した者は七年以下の懲役または五〇〇〇円以下の罰金。戦時または天災のときに暴利を得ようと経済運行を妨げるおそれのある行為をした者は無期または一年以上の懲役、情状により一〇万円以下の罰金です。一〇万円とはいまなら二億円、懲役のほうがよさそうです。まあ具体的といってもこんなものですから、お上の解釈次第というのが実情でしょう。

一九四二年（昭和一七年）には「戦時刑事特別法」が公布され、戦時下の犯罪に重刑が科されるようになります。灯火管制または空襲の状態にある場合、という前提付きで、放火、強制猥褻（わいせつ）、強姦、窃盗、強盗、恐喝について重刑を科し、一般刑法のその部分には死刑はなかったのですが、ここでは死刑をも科すことになっています。

言論統制も戦時体制へ

明治以来の言論統制の核となった法律は、一八九三年（明治二六年）の出版法と一九〇九年（明治四二年）の新聞紙法です。この二つによる制限は次のようなものでした。

出版と発行の届け出の義務。安寧秩序を妨害し、または風俗を害するものの発売禁止。外交軍事の秘密事項の無許可掲載禁止。皇室の尊厳を冒瀆（ぼうとく）し、政体を変革し、または朝憲を紊乱（びんらん）させる事項の出版掲載禁止。

「安寧秩序の妨害」とは社会公共の安全を不法に破壊することを指し、「朝憲紊乱」とは国家の基本組織を変更することです。

やはり当局の解釈次第になるという明確性に欠ける法律で、一九二五年（大正一四年）から一九三四年（昭和九年）までの約一〇年間を見ても、禁止処分が出版法違反で一万七〇〇〇件、新聞紙法違反で八〇〇〇件も引っかかっています。

この体制が、さらに強化されていきます。

一九三六年（昭和一一年）の「不穏文書臨時取締法」は、二・二六事件の前後、軍人や右翼がバラ撒いたような怪文書の横行を防ぐためのものでした。また一九三八年（昭和一三年）の産業統制最大最強の法律「国家総動員法」は、当然のことながら報道にも及び、必要あるときには新聞その他の出版物での記事の制限、禁止もできるもので、その内容は勅令による、としたものです。これによる勅令は、一九四一年（昭和一六年）の「新聞紙等掲載制限令」です。官庁関連、軍事、軍用資源等の機密を掲載することを禁じ、内閣総理大臣は外交、財政についての記事の制限、禁止ができるようになりました。

要するに憲法上、法律によってしかできなかった言論統制が、勅令、示達でできるようになったわけです。これは、統制の無制限解禁です。

一九四一年（昭和一六年）、日米戦争突入後、「言論出版集会結社等臨時取締法」が公布され、これにより結社集会が許可事項になり、出版物発行も許可制になりました。いったん発行禁止になると、内務大臣が必要と認めるときはその出版物の以後の発行を禁止できるようになり、さらに同一人もしくは同一発行所の出版物をも禁止できるというもので、新聞社、出版社そのものを縛り上げたかたちになったわけです。

もっとも当時の新聞、朝日や毎日などは軍部と一緒になって戦争を煽っていたわけですから、記事で発禁になるようなことはありませんでした。

なお不思議なことにこの頃、郵便物の検閲は、外国あるいは外地からの郵便以外は行なわれていませんでした。薄暗い部屋で薬缶（やかん）から噴き出す蒸気で封を開ける、といったことは映画の中でのことで、官憲の権限として行なったということはありません。もちろん非合法に行なったことはあるかもしれません。

政府の機関紙になった新聞

日本の新聞は戦争によって発展してきたといわれます。実際、一八九四年（明治二七年）の日清戦争や一九〇四年（明治三七年）の日露戦争では激しい報道合戦を繰り広げ、部数を伸ばしました。

一九二三年（大正一二年）に関東大震災が発生すると「東京一七紙」といわれた在京の新聞社のほとんどが被災し倒産（読売は生き残った）、その間隙を縫って大阪に本社のある朝日と毎日が東京に進出して二大紙を形成し、一九二六年（大正一五年）に毎日は日本の新聞ではじめて二〇〇万部を達成、四年後には二五〇万部を突破しています。

一九三一年（昭和六年）九月に満洲事変が発生すると毎日はすかさず「日本の正当防衛」「強硬あるのみ」「攻撃の手をゆるめるな」など軍部を叱咤する社説を掲げ、さらに部数を伸ばしました。その軍部への協力ぶりは「満洲事変は関東軍主催、毎日新聞後援」と揶揄されるほどであったといいます。

一方、当初は慎重だった朝日も同年一〇月一日には「満洲に独立国の生まれ出ることを歓迎する」との社説を載せて事変支持に転じます。「反軍的」という理由で不買運動が起きたのが原因でした。今日では理解しにくいことですが、当時の国民の多くは戦争そのものには必ずしも反対ではなかったのです。国民が賛成しているから新聞も売れるように賛成路線を取ったともいえます。

もっとも、全国紙の熱狂的な報道とはひと味違って、事態を冷静に見つめていた新聞もありました。仙台の河北新報は事変の翌月、「挙国一致内閣の正体」という連載を行ない、「陸軍に引きずられているような外交ではだめだ。事変以来軍閥は気をよくしている。見給え、陸軍が日本の国家を代表しているではないか。名は政党内閣でも実質は軍閥内閣である」と痛烈に軍部を批判しました（軍は激怒し仙台師団の部隊長が兵を率いて河北新報本社に乗り込んだが、社長の一力次郎に追い返されている）。

一九三七年（昭和一二年）に日中戦争がはじまると新聞はさらに部数を伸ばします。朝日は一九四〇年（昭和一五年）に三〇〇万部、毎日は一九四一年（昭和一六年）に三五〇万部を記録しました。朝毎の後塵を拝し三万部から五万部と低迷していた読売も一九三八年（昭和一三年）に一〇〇万部、一九四四年（昭和一九年）には一六二万部と急成長しています。

一九四一年（昭和一六年）の日米開戦で新聞の戦意高揚報道は一気に過熱します。日本軍が破竹の勢いで進撃すると、ここぞとばかりに新聞はこぞって軍歌や軍国歌謡の制定に乗り出しています。開戦後、朝日は「大東亜陸軍の歌」と「大東亜海軍の歌」を募集し、選定後にわざわざ陸海軍に献納しました。ちなみにその海軍の歌の歌詞にある「ああ一億はみな泣けり、還らぬ五隻九柱」というのは、真珠湾攻撃に加わった特殊潜航艇で戦死した九名の乗組員のことで、朝日もこれを「九軍神」と称えました。終戦七〇年の今年（二〇一五年）になって朝日は「軍歌を歌わせられることのない世の中のために」という反戦平和的な記事を載せましたが、その軍歌をつくったのが自分たちであるということを果たして自覚しているのでしょうか。

さらに朝日は当時、読者に寄付を募り、軍用機を買って軍に献納するというキャンペーンを張っています。開戦直後の一二月一二日には社告でこの献納運動の拡大を訴えました。また戦地から戻った従軍記者を各地に送り、「記者報告会」を開催していますが、そこでの内容は軍のお先棒を担ぐものでした。

これらが功を奏したのか、日本軍の勢いがよかった一九四二年（昭和一七年）に朝日は三七三万部にまで発行部数を伸ばしてトップになり、毎日は三四四万部と停滞します。

終戦の日の朝日（東京本社版）朝刊一面のトップ見出しは「戦争終結の大詔渙発（たいしょうかんぱつ）さる」で、毎日は「聖断拝し大東亜戦終結」でした。「降伏」という文字がないのは、事前に当局から「終結」を使うよう指導されていたからです。一九四五年（昭和二〇年）八月一五日は、新聞敗北の日でもあったのです。

第二章　軍隊と戦争

軍人勅諭――「朕は汝等軍人の大元帥なるぞ」

戦前、「教育勅語」と並んでよく知られた天皇の訓告に「軍人勅諭（ちょくゆ）」がありました。明治天皇が陸海軍軍人に賜るというかたちで、一八八二年（明治一五年）に発布されています。明治、大正、昭和の長きにわたり、陸海軍人が金科玉条としたものです。

長い前文に続いて本文には、軍人は「忠節を尽くすを本分とすべし」「礼儀を正しくすべし」「武勇を尚ぶべし」「信義を重んずべし」「質素を旨とすべし」の五箇条が示されています。

教育勅語は人によって解釈が変わるほど難しい言葉が並んでいますが、こちらは和文体、ひらがな表記になっています。

長いものなのでポイントだけ取り上げてみます。

「夫（それ）兵馬の大権は朕（ちん）が統（す）ぶる所」と、軍統帥の大権を天皇が握ることを明らかにしたこと（「朕」とは戦前の天皇の第一人称で、中国王朝が語源）。

「朕は汝等軍人の大元帥なるぞ」と、陸海軍が天皇の軍たることを示していること。

「一心になりて力を国家の保護に尽くせ」と、保護の対象を天皇でなく国家に置いていること。

「政治に拘らず」と、軍人の政治不介入をいっていること。

「下級の者は上官の命を承ること実は直に朕が命を承る義なり」と、上官の命令を天皇の命令としたこと。

あたかも軍が天皇の私兵であるかのような誤解を招きそうな表現もあれば、国家の保護が主眼であるとの表現もあります。後年、政治不介入などは、陸軍が率先して踏みにじっています。

ある陸軍将校は、結婚して新妻に全文の暗記を求めたといいますから、金科玉条の存在であったことは間違いないところです。もっとも、その新妻は近所の将校夫人に相談し、「馬鹿らしいことはおよしなさい」といわれ暗記はせず、夫も命じたことを忘れてしまっていたそうです。

この軍人勅諭としばしば混同されるのが「戦陣訓」です。これは一九四一年（昭和一六年）一月に陸軍大臣の東条英機が布達した陸軍限りのもので、陸軍の戦場においては軍人勅諭以上に強調されました。この中に、かの有名なセリフがあります。

「生きて虜囚（りょしゅう）の辱（はずかしめ）を受けず、死して罪禍（ざいか）の汚名を残すこと勿（なか）れ」

このために、捕虜になってしまえばいいものを、多くの兵士が自決、玉砕した、と戦後非難されることになります。戦陣訓は軍隊ばかりではなく学校の軍事教練でも取り入れられ、暗記が推奨されました（吉川英治作詞で歌謡化もされ大ヒットした）。このため現在でも全文を空（そら）でいえる人が多くいます。

陸軍の参謀本部が強大な権力を持ったわけ

軍をつくり、維持、管理し、運用していくすべてを総称した言葉が「軍制」です。この軍制の中身を大別すれば、軍を編成して維持、管理していく「軍政」、作戦、指揮、運用する「軍令」、軍の秩序を維持する「軍法」の三つになります。このうちの「軍令」をつかさどる権、つまりは軍令権を「統帥権」といいます。

よく誤解されるのですが、この統帥権とは、戦前の日本だけにあったわけではありません。いまでも軍隊のある国には必ずあり、言葉は「最高指揮権」でも「最高命令権」でも「最高軍令権」でも、それは要するに統帥権です。内閣制を採用する国なら当然、内閣がその権限を持ち、内閣の長である首相が最高指揮権を持ちます。こうした権限は軍人以外の誰かが持っていなければ極めて危険ですから、これは当然のことです。現在の自衛隊も同様のかたちです。

ところが、ドイツ陸軍を模範とした日本陸軍は、ドイツが統帥権を政府から独立させ、ドイツの宰相はこれに関与しない、という慣行を確立させていたために、それを目標にしたのです。

一八七八年（明治一一年）には太政官（当時の政府）の一部である陸軍省から参謀本部を独立させ、天皇直隷（ちょくれい）の組織としました。陸軍の統帥権を太政大臣（当時の総理大臣にあたる）と陸軍卿（陸軍大臣にあたる）の手から奪ってしまったのです。戦前の日本陸軍、参謀本部が強大な力を持つに至る大本が、ここにかたちづくられたといってもいいでしょう。

一八八九年（明治二二年）には、軍機に関することは参謀総長（当時は参謀本部長）が独自に天皇に上奏することが可能となり、総理には事後報告すればいいことになります（これを「帷幄（いあく）上奏」という）。

大日本帝国憲法（明治憲法）においては、「天皇の統治権はすべて国務大臣の輔弼による」と明記されていて、当然、軍令も内閣の一員である陸軍大臣が輔弼する、と解釈されるのに、「統帥権は政府が関与し得ないもの」との解釈がなされ、疑問の余地がないとされました。それは、憲法制定以前からの慣習、一八八五年（明治一八年）の内閣職権の法制によりすでに統帥権が独立していること、また機密迅速を要するゆえ独立すべし——というような理由によります。明治憲法に民主的解釈を取り入れようと努力した東大（東京帝国大学）の美濃部達吉教授も同じ理由で統帥権の独立を支持しました（「憲法の成文を以て定むる所に非ずと雖も」という留保をつけたが）。一方、京大（京都帝国大学）の佐々木惣一教授は、統帥権の独立は慣習や法令で決まったものであって憲法上の権利ではなく、法令改正によってなくすことができると真っ当な解釈をしましたが、多勢に無勢でした。大正時代の政界では独立など論外で、原敬首相は田中義一陸軍大臣、高橋是清大蔵大臣と相談して、元老・山県有朋が死んだら、上原勇作参謀総長が勝手な振る舞いをする参謀本部を陸軍省参謀局として吸収しよう、と意見一致しました（これは『原敬日記』に出ている）が、山県より先に原が死んでしまいました。原が暗殺されずこれが実現していれば、のちの軍部暴走は避けられたかもしれません（ただし参謀本部は常に好戦的であったわけではなく、日中戦争初期には「早く止めたい」と主張したのに、外務省や陸軍省が必死になって参謀本部の主張を取り消させるということもあった）。

その統帥権の内容とされるものは、まさしく国防そのものに関するものでした。「国防計画に関する事項」（仮想敵国に対する戦時計画）「作戦計画に関する事項」「平時における陸海軍兵力の使用に関する事項」「戦時における陸海軍兵力の使用すなわち作戦、運用に関する事項」「軍隊及び軍人の訓練、懲罰、内部組織に関する事項」です。

これらが統帥権（軍令権）で、軍政権には軍編制や兵力量の決定などがありました。軍政にも含まれない純然たる政務事項には軍事予算の決定、宣戦と講和、軍備または戦争に関する条約の締結、出兵を命じ戒厳を宣告、有事に国民に命令し強制、などがあります。

統帥権を握る機関が陸軍の参謀本部と海軍の軍令部であり、陸海軍大臣は、本来は内閣の一員ですから政務機関なのですが、同時に軍人ですから統帥の機関としての地位も有しました。

このように軍政、軍令に関しては区分けが一応はあったのですが、参謀本部は統帥事項をどんどん拡大解釈していき、明らかに軍政に属する分野にまで統帥権を振りかざすようになります。政党を馬鹿にしていた軍は「内閣総理大臣に報告すべし」という内閣官制まで無視し、報告しないことも珍しくありませんでした。

この統帥権問題が大きく取り上げられたのが、一九三〇年（昭和五年）のロンドン海軍軍縮条約締結のときです。その前のワシントン条約で主力艦比率が英米の一〇割に対して日本は六割に制限されており、このロンドン条約のときは巡洋艦などの補助艦船に関する会議でした。ここでも日本の補助艦船は英米の約七割（六・九七五割）とされ、海軍の不満が爆発。議会でも政党（政友会）までが「統帥権の独立を犯すものだ」と政府（民政党）を攻撃します。このとき、「統帥権干犯」という新語が生まれています。革命家で思想家の北一輝の造語です（北一輝が仕掛けた「統帥権干犯」は野党政友会に伝授され、政府与党はもとより海軍、議会、枢密院を巻き込む大問題に発展した）。政党が立憲制を打ち破ろうとしたのですから、国民の信頼を失ったのは当然です。

兵力量の決定は本来、軍政事項ですから政府に権限があり、軍事に関する条約締結も明らかに政府の権限なのですが、「兵力量決定も統帥事項にしろ」という主張が新聞によってなされたのは、軍の発言力がそれだけ増大してきたということです。

内閣の死命まで制した軍部大臣武官制

軍関連の制度で、政治に大きな影響力を与えるものがありました。「陸海軍大臣現役武官制」です。陸海軍大臣が、現役武官でなければならないのか、現役でなくてもよいのか、ということは、実際には大きな差があります。

明治時代は紆余曲折して、一九一三年（大正二年）、大臣は陸海ともに現役に限らず予備役、後備役あるいは退役の大将・中将でよいとされていましたが、一九三六年（昭和一一年）には「現役の大将・中将」に限られました。

武官に限らず文官でも陸海軍大臣になり得た期間もありましたが、実際には、ほとんど現役の大将・中将がなっていました。ですから官制上の定めなどはどうでもいいように思われるかもしれませんが、これが大きく違うのです。

現役武官の人事権は陸海軍省が持っていますから、軍部の意向に反して勝手に誰かを軍部大臣にすることは、総理大臣でもできません。軍の反対するリベラルな内閣には軍部大臣を出さずに組閣を断念させることもできましたし、途中で軍部大臣を引き揚げて倒閣することもできました。実際にこうした例が少なからずありました。宇垣内閣はこれで流産しています（大正時代に軍縮を断行して国民的人気を博した宇垣一成陸軍大将は一九三七年に昭和天皇より組閣を命じられたが、民衆を後ろ盾にする内閣の出現に危機感を抱いた石原莞爾(かんじ)陸軍大佐の工作に遭い、陸軍大臣を得られず、組閣を断念した。戦後、宇垣は圧倒的な人気を背景に参議院選挙に立候補し五一万という空前の票数を集めて当選。石原は晩年、「一生の不覚、宇垣内閣が成立していれば日米戦争は起きなかった」と回顧している）。

もし現役以外でもいいというのなら、そのときの軍の方針に反対する予備役や退役の軍人を首相が選ぶことも可能ですから、この決めごとの差は天と地ほど違います。

ただ、この決めごとがあったから軍部が強くなったということではなく、軍部が強かったから現役制にできた、ということです。

実態がなかった「大本営」

平時には、天皇の統帥を輔佐する専門機関は陸軍の参謀本部と海軍の軍令部でしたが、これが戦時になると、日清・日露戦争でもそうだったように、陸海を統一した統帥輔佐機関として大本営が設置されました。大本営陸軍部、大本営海軍部になるわけです。一九三七年（昭和一二年）にはじまった日華事変（支那事変あるいは日中戦争ともいう）に際しては、八月一五日に中華民国（南京にあった蔣介石政権、現台湾）で大本営が設置されたのに対応して設置され、終戦まで続いています。

ただ実際は、陸軍の参謀本部の看板の隣に「大本営陸軍部」の看板、海軍の軍令部の看板の隣に「大本営海軍部」の看板を、それぞれ掲げただけでした。両軍に属する人々が同一場所で勤務するということもなく、大本営会議が頻繁に開かれたわけでもありませんでした。

第一回の大本営会議が開かれたのは日中戦争勃発から数カ月経った一一月二四日で、参謀本部側と軍令部側がそれぞれ作戦方針を説明しただけで、議論はなかったといいます。

また大本営は建前上「宮中に置く」としましたが、宮中には執務室一つありませんでした。陸海両軍を調整する機関もなければ、ポストもありません。結局、国内の戦意高揚、戦争遂行の決意を中華民国に知らせる、ということ以上の役割はありませんでした。

戦後、この大本営が日米戦争中、虚偽、捏造の戦果発表を続けていたことがわかり、非難や揶揄の対象になりました。どうやら、鳴り物入りの大本営発表によって沈められた敵戦艦や巡洋艦の数は、実際の何倍にものぼったということです。そのこともあり、戦争そのものの記憶と相まって大本営は、長く人々に記憶されています。戦争遂行の総元締めとの印象が深いのですが、実態はこのように違っていたのです。現在でもちょっと古い人は、会社などの公式発表で「利益増大」などというとき、「これは実は大本営発表だ」などといいます。

兵役――理想は「甲種合格、クジ逃れ」

現在はなく戦前にあったものの代表格といえるのが、男子の兵役です。いまの自衛隊は志願制ですから、かつてどういう仕組みで徴兵されたのか、何年訓練を受けたのかなど、基本的なことも知らない人が大多数になっています。

日本で義務兵役制ができたのは一八七三年（明治六年）、太政官布告による徴兵令が出されたときのことです。もちろん明治憲法にも「兵役の義務」が明記されています。

一九二七年（昭和二年）に、徴兵令に代わり「兵役法」が公布され、これが一九四三年（昭和一八年）に改正されて終戦に至っていますから、この制度で説明します。

当初、兵役に服する者は内地と樺太に本籍を有する内地人男子で、一七歳から四〇歳まででした。しかし、この対象となる期間、ずっと部隊にいるということではなく、「いつでも入隊することを命じられる」ということです。兵役制度そのものは陸海軍共通で、徴兵された者はそのどちらかに振り分けられ、一生変わることはありませんでした。

満二〇歳を「徴兵適齢」といい、前年一二月一日から、その年の一一月三〇日までに適齢になった者が徴兵検査（一般には「兵隊検査」と呼んでいた）を受けました。これによって強制的に兵役に服させる行政行為を「徴集」といいました。

体格検査、結核検査、視力検査などを行ない、即時に甲、乙（第一乙、第二乙）、丙、丁、戊に分けられます。甲は最も現役に適する者、乙は現役に適する者、丙は現役に適さず国民兵役とし徴集しない者、丁はそもそも兵役に向かない者で兵役免除、戊は病人などで翌年再検査する者、でした（性病患者は検査官から全員の前で見せしめの暴行を受け、その場で追い返された）。

甲種は身長一五五センチ以上（のちに一五二センチ以上）で身体強健な者です。いまの若者の平均身長は一七〇センチありますから、身長だけならほとんどが甲種合格です。乙種は近眼や難聴や極端な高身長（軍服が合わないため）などの些細な問題がある者です。不合格の丙種は身長一五五センチ未満、丁種は身長一四五センチ未満で身体及び精神に特別な異常のある者です。のちに、現役兵を増やすためでしょう、第三乙種が新設されました。

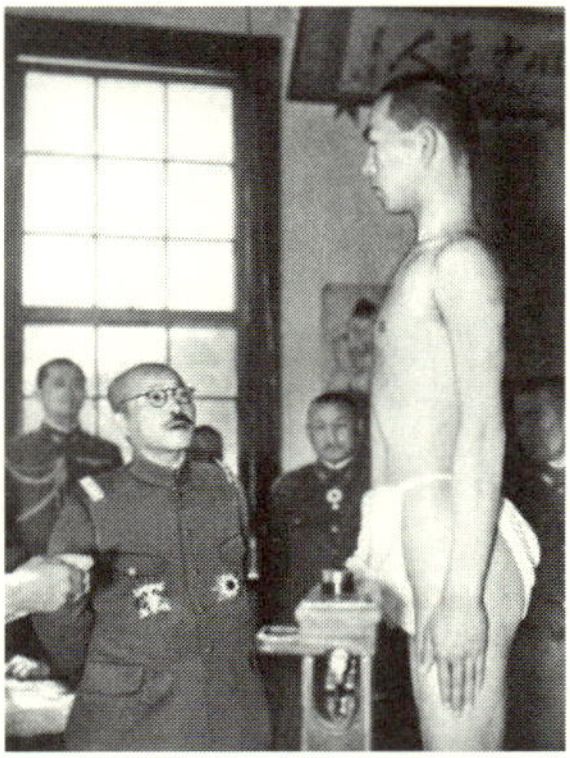

一九三五年（昭和一〇年）の分類はこうです。甲種二九・七％、第一乙種一一・五％、第二乙種二〇・五％、丙種三一・八％、丁種六・三％、戊種〇・一％。甲種合格が三分の一、現役に適さない丙種も三分の一いまし

あの手この手で逃れようとする者もいた兵隊検査、左は視察中の東条英機首相

た。

甲、乙は「現役に適する者」といっても、そのまま徴集されはしません。平時には、甲種合格でも全員が入営（入隊）したわけではなく、その中から「クジ引き」で選んでいました。この時代、実際は嫌がっていても、建前上「兵役は国民の名誉ある義務」とされていましたから、甲種合格にならなければ恥ずかしいという感覚がありました。実際、乙種だったため白い目で見られた、という人もたくさんいます。

ですから、当時の理想は「甲種合格」で「クジ逃れ」だったそうです。

昭和初期に兵隊検査を受けた作家の棟田博氏は『陸軍よもやま物語』という作品の中にそのときの様子を書いています。いまや貴重な歴史資料ですから少し長くなりますが引用してみます。

「およそ、大日本帝国の男児たるものは、二〇歳に達すると、一人残らずこの検査を受けなければならなかった。

『まだ検査前のくせに、タバコをふかしたり、酒をのんだり、女の子の尻を追っかけるなどもってのほか！』

というのが、その時代のオトナがきまっていうセリフであった。

つまり、検査前はまだ半人まえなのであって、検査がすむと一人まえの扱いをうけられるというわけだった。

ぼくの故郷の町では、毎年、小学校の講堂が検査場にあてられていた。いまも憶(おぼ)えているが、学校は春休みで、校庭の桜並木がみごとな八分咲きであったが、もとより花など愛(め)でる心境にはほど遠い。兵隊にとられるかどうかの、きょうが土壇場なのである。

受付のところで、着衣をみんな脱いでフリチンになる。身体検査は身長、体重、目、耳、鼻、歯、それから刀、最後に肛門の順序である。

検査官の軍医に刀をしごかれて、ムクムクとおっ立てたら、

『元気、よろし』

と、ほめられたなどという話は、伝説的デマである。このさい、いかに豪の者といえども、立つの立たないのというような心的状況(メンタリティー)ではない。

この日、ぼくの検査用紙には甲の判コがぺったりと捺(お)された。万事、休す。

検査がとどこおりなく終了すると、壮丁検査執行官の講評ならびに訓辞に移る。

最前列に甲種合格者がならび、ついで第一、第二乙種、丙種は最後列である。

最前列者の顔色は、概してよくない。後列になるほど顔色がよく、晴れ晴れとしている。

壇上の執行官の老大佐は、まず後列の連中を眺めわたして、

『不幸にして諸君は合格とならなかったが、しかし、けっして悲観してはならない。いったん緩急の秋(とき)来たらば、あるいは諸君にも栄えある令状がくだされて、尽忠報国の機会があたえられないでもないのである。であるから、悲観することなく、在郷にあってそれぞれの家業に精進する

よう希望する。わかったか』

『はーい！』

と、元気な返事が講堂の天井にはねかえる。ヒカンしているにしては、声が溌溂（はつらつ）すぎる。

『さて――』と、老大佐は最前列に向きなおって、莞爾と打ち笑い、

『まずは諸君。おめでとう。心からなる祝意を述べる。さぞかし、諸君の胸中は歓喜にあふれていることであろう。本官もまた欣快至極である』

欣快至極なのは老大佐だけで、最前列者はみな不欣快至極である。

『いうまでもなく、諸君は大日本帝国の干城（かんじょう）という幸運を射止めることを得たすぐれたる青年である。すなわち、今日、ただいま以後の諸君の身命は、諸君の身命であって、しかも諸君個人のものではない。

畏（おそ）れ多くも、大元帥陛下に召されたる栄えある股肱（ここう）である。してみれば、来たるべき晴れの入営の日まで、自重自愛を第一にして、当日は一名の事故者なく、連隊の営門をくぐるよう切望してやまない。以上、終わり！』

これにて解散となる。

当時は、都会に出ている者も、たいてい、故郷で検査をうけた。そこで、当夜は久しぶりのクラス会となるわけだが、飲めや歌えやではしゃぎまわるのは後列組で、最前列組はだれもかれもユーウツをきわめ、いかにも酒がにがそうだ。

そこで、なかにはヤケ酒を呷(あお)りつけてクラス会の幹事にからむ大元帥陛下の股肱もいる。

『おい。これで会費が同じというのは不公平ではないか。甲種組は半額にしろ』

それはともかく、この日から入営までの月日くらい、早いのか遅いのか、わけのわからぬ月日はない。中途半ぱな気持の落ち着かない日々の辛気臭(しんき)さといったらない。

そこで、なかばヤケ気味も手伝って、当座、ぼくは飲酒に精を出したが、そのうち気を取り直して、老大佐の言葉ではないが、自重自愛して健康の保持を心がけた。

と、いうのが、町内の人々をはじめ一家一族の面々が、ぼくが帝国の干城に選ばれたことを誇りとし、一族の名誉としているのをなにかにつけて見せつけられると、入営の日、健康を理由に『即日帰郷』にでもなった日には、さぞや身の置きどころがあるまいと思ったからであった。

そのころの日本人は、現代では想像もできまいが、今日からみればこぞって忠良なる臣民だったのである。そして内心はともかく、建て前は兵隊にとられることを日本男児の名誉としていたのである。

げんに、祝入営の幟(のぼ)り旗とバンザイの声に送られて入営はしたものの、即日帰郷を申し渡され、いまさらなんのカンバセあって家郷に見(まみ)えんや、とそのまま故郷を捨てて出奔(しゅっぽん)した者があったくらいである」


こうして徴集された現役兵は入営して二年間の訓練を受けました。実際に部隊に所属している者を「現役」といいます。

陸軍は、一月一〇日入営、翌年の一一月二五日に満期除隊ということが多く、実際は一年一一カ月弱で、衛生兵は一年六カ月で帰休した時期もありました。「帰休」とは現役のまま除隊することで、必要とあればいつでも呼び戻されます。

一方、海軍のほうには志願兵制度があり、それで定員の半分は埋まりました。陸軍に比べて圧倒的に人数が少なかったことのほか、海や船に憧れがあったり、陸軍に比べてカッコよかったり、食べ物がよかったことなどが志願の理由に挙げられています。また海軍は、海のある県の者をより多く採っています。やはり泳げる確率が高かったのでしょうか。

ちなみに先ほど「所属は一生変わらない」といいましたが、多数の補充兵役者を必要とせず、また確保していなかった海軍は、太平洋戦争での陸上兵力（陸戦隊など）の激増に伴い、召集源がないために、陸軍の第一補充兵役者（在郷者）を海軍の第一補充兵役に振り替えた、ということはありました。

さて、ではその徴集されてからの兵たちの待遇はどのようなものだったのでしょうか。

暴力による私的制裁、収入の途絶、自由の拘束、各種の差別、人権蹂躙など、軍隊社会に対する強い批判は、つねに存在しました。しかし一方で、盆、正月以外、休日も賃金もまったくない丁稚奉公、冬以外は一日十数時間の農作業、労働保護のない工場労働等々、一般青年の生活条件と比べると平時の軍隊生活は三度の米飯、定期的な入浴、日曜ごとの外出（多くは花街（かがい）に出かけた）など、給料の点を除外すれば、一般社会における貧しい生活よりは上の生活が保障されていました。軍隊に入ってベッドや洋服や靴をはじめて見たという者も珍しくなく、一般社会で長時間労働をしていたときより訓練や勤務は過酷ではなかったという者もたくさんいましたし、中にはビンタを一発も頂戴しないまま除隊した者もいました。

それに、意外と思われるかもしれませんが、軍隊の食事はまんざらでもなかったという事実があります。ざっと紹介してみましょう。

まず朝食ですが、これは当時の一般家庭並みに味噌汁とたくあんでした。稀にアジの干物の焼いたものがつくこともありました。

昼食はライスカレー、けんちん汁、さつま汁、魚の干物といった類が多く、豚肉のコマ切れやウズラ豆と人参とコンニャクのごった煮などが副食でした。

また週二日の演習日には必ず下給品の小夜食（こやしょく）がありました。大福餅であったり羊羹だったり、または善哉といったふうの甘味品です。

夕食は、今夜ステーキが出ると明晩は焼き魚、次の晩は牛めし、次が魚のフライ、次は豚カツ、ときどき五目めしといったふうで、だいたい一週間の半分が肉類、あと半分が魚類を食材にしたおかずでした。

いま考えてもあの時代の一般家庭に比べても遜色ないばかりか、むしろ贅沢な食事であったといえるのではないでしょうか。

ただし、これらはあくまで「平時」の内地における入営生活の話で、いったん戦争になり戦地に送られれば状況が一変し、つねに戦死、餓死と同居という最悪の事態に立ち至ることはいうまでもありません。

これは余談ですが、そんな戦地での経験が後々まで性格に影響を与えたというある興味深い調査結果が残っているので記しておきます。主に高齢者が行なっているゲートボールでのスパーク（相手のボールをコートの外にはじき出すこと）に痛快さを感じるかどうかという調査です。

それによると、男性一〇人中「痛快さを感じる」と答えたのは軍隊経験者の六人。「感じない」と答えたのは元召集兵一人と軍隊経験なしの二人。「嫌い」は軍隊経験なしの一人、という結果でした。軍隊経験のあるなしで、はっきりと傾向が表われています。ここでの召集兵とは現役兵士の経験がない予備役の兵士のことです。

合法的徴兵忌避の方法

男なら誰でも満二〇歳になると行かなければならなかった徴兵にも、例外規定がありました。「在学徴集猶予」の制度です。これは、中学校（旧制）在学者は最大二二歳まで、高等学校（旧制）・師範学校在学者は二五歳、専門学校・大学在学者は二七歳まで徴兵検査を延期する、というものです。

免役とは違い、ただ徴集が何年か遅くなるだけというものなのですが、実態は少々複雑でした。先ほど「平時においては甲種合格でも全員が入営したわけではない」といいましたが、そうした状況ですから、年齢がかなり上で、当時数少なかった高等教育を受けたインテリが入営してくることを軍が嫌い、実際には入営しないで済むことが多かったのです。

当時の上級学校進学者は、基本的には裕福な階層の子弟でしたから、そうした合法的徴兵忌避（きひ）ができるということで、国民の怨嗟（えんさ）、あるいは羨望の対象になっていました。

しかし、この制度も戦局の悪化に伴い変わります。一九四三年（昭和一八年）、在学者の徴集延期を認めないことになったのです。怨嗟の目で見ていた人はスッキリしたかもしれませんが、ここでも例外規定がありました。大学院特別研究生、理工系、教員養成学校在学者には、引き続き入営延期を認めたのです。

このため理工系の学校、学部には志願者が殺到しました。もともと文系志望の者も学校や学部など関係なく無理やり志願したといいます。戦場に行きたくないばかりに、嫌いで苦手な分野の勉強をしなければならなかったわけです。もっとも勤労動員（中等学校以上の学生・生徒を工場などで強制的に労働させたこと）のため、勉強に割くことのできる時間はほとんどありませんでした（こうした「無理やり受験組」に対して戦後、文科系に転科する機会を与えた学校もあった）。

また、六年以上の懲役刑に処せられた者も兵役に服しませんでした。一方、逃亡などによる徴兵忌避で三年以下の懲役に処せられた者は服役後、イの一番に徴集されました。

朝鮮人や台湾人も召集

入営して所定の現役期間を終えても、当時の若者は無罪放免とはいきませんでした。軍に残って下士官になる者以外は全員が、たとえいったんは通常の生活に戻っても、戦時には召集（兵を軍隊に集めること）される予備役その他にならなければならなかったのです。

陸軍兵士の場合には予備役五年四カ月（二七歳）、これが終わると後備兵役一〇年（三七歳）、そして第一国民兵役（四〇歳）のルートの者。一二年四カ月の第一・第二補充兵役（三二歳）のあと八年間の第一・第二国民兵役のルートの者。ずっと第二国民兵役にある者。以上の三種類のルートに分類されます。

第一補充兵は現役兵に欠員が生じた場合の補充要員で、第二補充兵は戦時に召集される要員です。このすべてを含んだものが「兵役」です。もちろん召集されないときは、農業や商業など普通の生活に従事します。

戦時には、まずやや年かさの予備役が召集され、次いで、兵隊としてはかなり年かさの後備兵役が召集されます。そのベテランたちが少なくなってくると第一、第二補充兵役にある者（若者）がどんどん召集されるという図式です。

陸軍の第一補充兵は、平時に徴兵検査で甲種合格しながら幸運にもクジに外れた「甲種合格、クジ逃れ」の者と、第一乙種の者。第二補充兵は、第二乙種の者が該当し、平時ならほとんど入営することはなく、第二補充兵に至っては「兵役の外」にあるかのように思われる存在でした。

このような平時の徴集召集システムも、日中・日米戦争が激化し、消耗戦になってくると、その拡大が図られました。

一九四〇年（昭和一五年）には、それまで兵役不適格者とされた丙種も召集の対象になりました。また一九四一年（昭和一六年）には、日中戦争が長引いて後備兵が多数召集されたため予備役と区分しておく意味がなくなり、また「後備兵役」という呼び方で自他ともに年寄り扱いするのを防ぐため、両者を「予備役」としました。なお、予備役が召集されても予備役身分のままであって、現役に復帰するわけではありません。将官で現役復帰したことはありますがそれは天皇の特旨、つまり超法規的措置による例外にほかなりません。

一九四三年（昭和一八年）には、徴兵適齢を一九歳に引き下げ、翌年から実施しています。同じく一九四三年（昭和一八年）、兵役の上限を四〇歳から四五歳に引き上げています。人生五〇年時代の四五歳ですから、もうめちゃくちゃです（ただ実際にはその年代の者は召集されなかった）。

さらに同年には、それまでは一九三八年（昭和一三年）以降、志願兵制があった朝鮮、台湾にも兵役法が適用され、徴兵検査が行なわれるようになりました。これに関しては軍部において消極論、積極論がありました。

消極論の中には「大和民族たる兵の素質著しく低下しある今日、彼等の軍隊への混入は、彼等に軍隊を牛耳られるおそれなきや」という、なんとも情けないものもありました。一方、積極論を唱えた人の中には、「今次征戦を大和民族のみの犠牲において行うことは適当ならず。大和民族のみが戦死し、朝鮮民族が残るときは、その旺盛なる繁殖力と相俟って、将来由々しき問題を引き起こすべし、すべからく朝鮮民族の中からもこの際戦死者を出さざるべからず」と、恐ろしいことをいっていた人がいます。一見威勢がいいようで、自信のなさがうかがえます。

一九四五年（昭和二〇年）には本土決戦に備えるため、「国民義勇兵役法」が公布されます。男子一五歳から六〇歳、女子一七歳から四〇歳までの全員が義勇兵に入れられました。竹槍で米軍と戦うことを本気で考えた人もたくさんいました。それにしても、六〇歳となると、もうヤケクソみたいなものです。ただ、所属するはずの「国民義勇戦闘隊」そのものがあまり編成されなかったため、二八〇〇万人といわれた義勇兵も実質的な働きのないまま終戦を迎えたのは、不幸中の幸いでした。

召集令状は「一銭五厘の葉書」ではなかった

召集とは「天皇がお召しになること」を意味し、この言葉は、議会召集と兵の召集のみに使われていました（現在は国会召集のみ）。

兵の召集の手順は、はっきり決まっていました。兵役法に「帰休兵、予備兵、補充兵又は国民兵は戦時又は事変に際し必要に応じ之を召集す」と定められていました。これに従い、誰を召集するかを連隊区司令部が決め、警察署を経て市部については市役所から、郡部については町村役場から、本籍地（実家）に通知されました。

いざ戦争となると通知状が連隊区司令部から本籍地まで、真夜中でも五、六時間で渡りました（このシステムすなわち「動員」はドイツ陸軍から学んだもの）。本人が実家にいないと電報を打ったり通知状を封筒に入れて送ったりしました。この通知状は細長い、ひらひらした赤色の薄紙でした。これが「召集令状」、俗にいう「赤紙」です。

戦後、「わずか一銭五厘の葉書一枚で召集され、多数の若者が命を落とした」といわれるようになります。いわんとすることはよくわかりますが、正確には違います。召集令状は郵送されたのではなく、警察署員が市町村に持参し、役場の兵事係の担当者が一軒一軒、届けたのです。

なぜそのような誤説を生んだのかについては、諸説あります。

兵士の命が葉書一枚程度の安っぽいものだった、というたとえとして用いられたという解釈。本人不在のときに代わりに受領した者が、召集される者に「表示付き葉書」で通報したことが原因とする説。死亡通知（戦死や戦病死ではなく、たとえば部隊や陸軍病院での病死）を葉書で送ったことが原因とする説などがあります。

それに、葉書が一銭五厘（＊三〇円）という値段だったのは一八九九年（明治三二年）から一九三七年（昭和一二年）までのことで、日米戦争で大量に召集された頃の葉書は二〜五銭になっていました。やはり、いかに人の命が軽く扱われたのか、そのたとえとして使われたと考えたほうがよさそうです。

なお在郷軍人（予備役軍人）を「必要なときだけ召集する」という、まったく新しい召集方法もありました。これは一九四二年（昭和一七年）四月にはじめて東京が空襲を受け、本土の防空と警備態勢の整備が必要になったのですが、大部隊が南方で作戦中であったため人手が不足し、したがって、軍人ではあるものの、実際には軍務に服さない在郷軍人まで使ったということです。

この防空召集は、空襲警戒警報または空襲警報が発令されると行なわれ、用がなくなれば召集解除になり帰宅します。一九四四年（昭和一九年）には、徴兵検査を受けていない未成年者もその対象になりました。これらの場合には、いちいち赤紙は送られていません。

戦争激化で一〇倍以上に水増しした師団数

さて、赤紙で召集された兵は、必ずどこかの歩兵、砲兵などの部隊に所属して、その部隊は必ずどこかの師団という単位の組織に所属します。

師団は、一九四〇年（昭和一五年）までは天皇直隷の独立部隊で（軍、方面軍、総軍などの高等司令部が同年以降設けられ、天皇直隷の性格はなくなった）、司令部、経理、衛生の機関を備え、歩兵、騎兵、砲兵、工兵、輜重兵（しちょうへい）（食糧の調達、運搬を担当）など約三万人からなる部隊連合で、独立して作戦行動をし得る戦略単位です。ですから、その国の戦力を見るときなどは「何個師団を保有しているか」で計られることもあります。

日中戦争までの平時編成下での師団数は一七、うち朝鮮に二個師団（朝鮮軍）、満洲に交代で一個師団（関東軍）が駐留していましたから、内地には一四個師団です。現在の陸上自衛隊が一八万人体制＝九個師団＋四個旅団ですから、だいたい同じような数です（ちなみに現在の中国人民解放軍は二二九万人体制＝三四個師団＋五四個旅団、アメリカ陸軍は一五七万人体制＝一五個師団＋二〇個旅団＋外国派遣軍である）。

一九二五年（大正一四年）の常備団隊配備表による師団（常設師団）の名称と司令部所在地を次に紹介します。

近衛師団　東京
第一師団　東京
第二師団　仙台
第三師団　名古屋
第四師団　大阪
第五師団　広島

第六師団　熊本
第七師団　旭川
第八師団　弘前
第九師団　金沢
第一〇師団　姫路
第一一師団　善通寺
第一二師団　久留米
第一四師団　宇都宮
第一六師団　京都
第一九師団　朝鮮羅南
第二〇師団　朝鮮京城

このうち近衛師団は他の一般師団と異なり、天皇警護の任から、兵士は徴兵によるのではなく、志操堅固で優秀、しかも容姿端麗を条件に全国から選抜された兵によって構成されており、近衛兵になることは大変な名誉でした（縁談も多く舞い込んだという）。

この師団数でも、日華事変あたりまでは、近代化の遅れた蔣介石軍が相手でしたから連戦連勝でした。ところが日華事変から日米戦争になると、次のように師団数は劇的に増えていきます。

一九四一年（昭和一六年）、五一個師団。
一九四二年（昭和一七年）、六六個師団。
一九四三年（昭和一八年）、八一個師団。
一九四四年（昭和一九年）、一一一個師団。
一九四五年（昭和二〇年）、一九二個師団。

一九四五年（昭和二〇年）三月には本土決戦準備のため、先ほども触れた、二八〇〇万人体制を目標にした国民義勇戦闘隊をかたちばかり急造しています。もう物資も人材も底をついていましたから、「火力は少なく、機動力に乏しく」という竹槍を持たされただけのまことにお粗末な部隊です（そのため「竹槍部隊」といわれた）。「敵上陸の際には前面に展開し、主力部隊の攻撃を容易にする」というのが目的で、要するに「標的になって少しでも時間を稼げ」ということだったようです。

海軍に慄然とせざるを得ない「神風特別攻撃隊」（特攻）が生まれたのも、戦局が大きく傾き、物資と人材が非常に乏しくなった一九四四年（昭和一九年）一〇月のことでした。海軍の大西瀧治郎中将の発案により、フィリピン海域で神風特別攻撃隊の零戦五機が、二五〇キロ爆弾を抱き、アメリカ艦船に体当たりし、関行男海軍大尉（戦死後、中佐）が空母一隻を撃沈しています。翌一一月には陸軍も続いて特攻を行なっています。

将校になる三つのルート

軍隊では、階級が一つでも違えば天と地ほどの差。下の者は絶対服従ですから、できれば一つでも上に行きたいと思うのは当然の人情です。では軍人の階級は具体的に、どうなっていたのでしょう。一九四〇年（昭和一五年）の陸軍兵科で説明します。

上から順に、大将、中将、少将、大佐、中佐、少佐、大尉、中尉、少尉、特務曹長（准尉）、曹長、軍曹、伍長、上等兵、一等兵、二等兵の一六階級です。

少尉以上が将校（あるいは士官）で、将官（大将、中将、少将で「閣下」と呼ばれた）、佐官（大佐、中佐、少佐）、尉官（大尉、中尉、少尉）に分かれます。特務曹長は准士官、曹長と軍曹と伍長は下士官で、上等兵と一等兵と二等兵は、ただの兵です。のちに触れますが「元帥」は階級ではなく、軍人最高の称号です。天皇は大元帥でした。

終戦時の陸軍現役将校は約四万八〇〇〇人。歩兵、砲兵、工兵、航空兵などの兵科では約三万人（うち陸軍士官学校卒が約六割）で、将官約一〇〇〇人、佐官約一万六〇〇〇人、尉官約三万一〇〇〇人でした。

ちなみに一九三一年（昭和六年）改正の将校の年俸は次のようなものです。

大将六六〇〇円（＊一三二〇万円）、中将五八〇〇円（＊一一六〇万円）、少将五〇〇〇円（＊一〇〇〇万円）、大佐四一五〇円（＊八三〇万円）、中佐三二二〇円（＊六四四万円）、少佐二三三〇円（＊四六六万円）、大尉一九〇〇〜一四七〇円（＊三八〇万〜二九四万円）、中尉一一三〇〜一〇二〇円（＊二二六万〜二〇四万円）、少尉八五〇円（＊一七〇万円）。

官吏年俸最高ランクの総理大臣が九六〇〇円（＊一九二〇万円）、セカンドランクの国務大臣、朝鮮総督が六八〇〇円（＊一三六〇万円）の時代、陸海軍大将は第三ランクで枢密院議長、特命全権大使、検事総長、行政裁判所長官、台湾総督などと同じ年俸です。ただ世間の評価は、大将は総理大臣より上だったようです。この時代、小学生が答える「将来の夢」は圧倒的に陸軍大将、次が海軍大将で、「政治家」とでもいおうものなら馬鹿にされるのがオチでした。

こんな時代でしたから、どうせ軍隊に行かなくてはならないのなら、せめて少尉か中尉に、と普通なら思います。では将校になるためには、どのようなルートがあったのでしょう。

一八八七年（明治二〇年）以来の正統コースが陸軍士官学校士官候補生を経るルート、さらに下士官から少尉候補者を経るルート、幹部候補生を経るルート、の三つです。

士官候補生ルートは、陸軍幼年学校卒業生か、普通の中学校四年修了者を陸軍士官学校予科で教育し、その後、士官候補生として部隊に半年勤務、陸軍士官学校本科を経て、ふたたび部隊で二カ月の見習士官ののち、少尉に任官しました。

下士官から将校になるルートは、軍曹以上の下士官が試験によって少尉候補者になり、陸軍士官学校、工科学校、飛行学校、憲兵練習所などで一年間の教育を受け、二カ月の見習士官を経て少尉に任官されました。海軍では海軍兵学校（陸軍の士官学校に相当）出身でないと将校になれなかった（兵出身者は将校とは異なる特務少尉〜特務大尉にしかなれない）のに対して、陸軍は兵隊のやる気を刺激したといいます。下士官あがりで最高、佐官にまで進級して連隊長になった者も一人います（ただし戦時の需要拡大時）。

第三の幹部候補生ルートは、徴集で二等兵として入営した者がその後志願し、試験を受けて合格すると、幹部候補生になりました。通常の二年間の訓練ののち見習士官を経て予備役少尉になるというものです。平時には家に帰って仕事をしていて、戦時には召集を受けて軍務に服します。陸軍としては、戦時になると、第一線に立つ下級将校は現役将校だけではすぐに不足するので、予備役、すなわちスペアを大量に確保しておく必要があったのです。

平時には主に中学校、農業学校、商業学校を卒業した者がなり、日中戦争以降の戦時になると大学、高等学校、専門学校、師範学校の卒業者、さらに在学者も多く徴集されるようになり、その多くが幹部候補生を志願しました。「なれるものならなっておこう」というところでしょうか。少尉に任官すると同時にいったん予備役に編入され、さらに即日召集という形式を取りました。つまり、除隊しないわけです。

なぜ、そんな面倒な手続きになるのかといえば、予備役は戦時要員ですから、戦争が終われば復員（兵役を離れ家に帰ること）し、現役は、戦争が終わっても軍に残るわけです。その区別のためです。

ちなみに将校になると軍服や軍刀、長靴などを揃えなければなりませんが、それらはすべて自前でした。最低でも一五〇円、いまでいえば三〇万円ほどかかったそうです。

将校の進級と退職――軍にもあった「窓際族」

いったん将校になれば、今度はその将校の中で少しでも上に行きたい、ということになります。進級には年功による先任進級と、それにはとらわれない抜擢進級とがありました。いまの会社と同じようなものです。

日中戦争以前の平時の進級は、少尉は三年、中尉は六～七年、大尉は六～九年勤めるというのが普通でした。ところが戦争が激化してからは、とくに尉官が不足して、少尉半年で中尉、中尉一～二年で大尉、大尉三年で少佐になるということが当たり前になっていきます。上がどんどんいなくなるということは、会社員にとってはチャンスかもしれませんが、軍の場合には恐ろしい状況です。

年功による昇進しかなかった将官でさえ、戦局激化で中将、少将への進級に抜擢進級を加味しました。それでも大将への進級だけは年功序列によっていたのですが、唯一、東条英機中将が首相に就任したときに、幼年学校も士官学校もトップで卒業した篠崎義男中将を飛ばして、お手盛りで大将に進級しています。

一方、現役定限年齢、つまり将校の定年は階級によって決まっていました。大将六五歳、中将六二歳、少将兵科五八歳・各部六〇歳、大佐兵科五五歳・各部五六歳、中佐兵科五三歳・各部五四歳、少佐兵科五〇歳・各部五六歳、大尉兵科四八歳・各部五〇歳、中少尉兵科四五歳・各部四七歳。

たとえば大佐は五五歳までに少将にならない限り現役を去ることになりますが、実際には五五歳まで大佐のままいることはなく、進級するならもっと早く進級し、そうでなければもっと早く予備役になり軍を去りました。同期が事務次官に就任するとほかの同期生は外郭団体などに出ていく、いまの省庁とよく似たシステムです。

たとえ現役でいても補職（連隊長などの具体的な職名）の命がないと待命となり、「給料は出るが仕事がない」という窓際族になります。待命期間は一年で、それが過ぎると休職二年間ののち予備役に編入されるというのが普通のコースでした。予備役に給料は出ません（一定の年齢になると恩給は出た）。

その予備役も、現役定限年齢に達したあとの三月三一日に終わり、後備役に編入され、六年後、ついに退役となります。ここまで来るともう召集されることはありません。戦時中にその年限に達した者は、さぞホッとしたことでしょう。

官吏よりずっと安かった軍人の給料

面白い比較があります。一九三五年（昭和一〇年）に四〇歳になった三人のエリートの俸給を比べたものです。

岸信介氏は東京帝国大学（東大）を経て文官高等試験（高文）に合格して官吏になった人で、商工省工務局長。我妻栄氏は同じく東大を経て東大法学部教授。稲田正純氏は陸軍の超エリートコースの陸軍士官学校、陸軍大学校を経て陸軍砲兵少佐・参謀本部部員になっています。

三者とも当時、最高の昇進をしている超エリートで、年収はそれぞれこうです。

官吏・局長の岸氏、四三〇〇円（＊八六〇万円）。

大学教授の我妻氏、講座手当てを含め三二五〇円（＊六五〇万円）。

陸軍少佐の稲田氏、二三三〇円（＊四六六万円）。

陸軍将校は官吏の半分で、大学教授にも遠く及びません。

この当時、陸士陸大出の将校は、東大卒で高文を通った者より頭脳優秀との自意識が強かったので、憤懣やるかたなかったことでしょう。このような給料の差は軍人が重んじられなかった時代だけではなく、戦時の威勢がよかったときでも変わりませんでした。果たして官吏が高すぎるのか、あるいは軍人が安すぎるのか、どちらでしょうか（もっとも軍人は戦地に行けば手当てがたくさんついた）。

これを、四〇歳の平均的な昇進の官吏課長、大学助教授、陸軍大尉という設定にしてもあまり変わりません。

官吏課長、三六六〇円（＊七三二万円）。

大学助教授、一二二〇円（＊二四四万円、ただし講座手当てを含まない金額）。

陸軍大尉、一九〇〇円（＊三八〇万円）。

給料レースでは、軍人は少尉、中尉までは昇進が早く、ほかのエリートたちを引き離しますが、そこからがなかなか上がらず、三〇歳台で逆転され、四〇歳台になると、ご覧の通りとなります。ただし、陸大出は大半が将官になっていますから、このときに少なくてもいずれ大学教授を逆転できます。もちろんそれまで行けば、の話です。

元帥になれば一生、大将の給料が貰えた

無事、生き延びて陸海軍大将になると、もう一つ楽しみがありました。それは「元帥」という称号を貰うことで、これを貰うと、元帥には予備役編入も退役もありませんから終身、大将の給料を貰うことができました。

わが国の元帥は、官名や階級ではなく、大将のうち司令官として功績があり優れた者が元帥府に列せられ、元帥という称号を天皇から賜る、というものでした。元帥府は役所ではありません

から建物も出勤する場所もありません。

ただ、天皇に対する軍事最高顧問と定められていましたから、明治、大正時代には国家政策や軍事政策に関与していました。ところが山県有朋元帥が一九二二年（大正一一年）に死去すると、ほかに数名の元帥がいたのですが、天皇（摂政）の元帥に対する下問もなくなり、形式的な存在になりました。

また、元帥に陸海の区別はないものの陸海の領分を超越して発言することはあり得ず、元帥以下陸相、海相らを参議官として陸海軍の調整を目的に設置された軍事参議院も、陸海軍合同の会議は一回だけ（昭和期）開かれたことがあるという、有名無実の存在でした。

ちなみに、戦死後に元帥の称号を贈られる例は海軍に多く、連合艦隊司令長官だった山本五十六、古賀峯一（当時は殉職とされた）などが貰っています。

日本の元帥制度は敗戦後の「元帥府条例等廃止ノ件」（勅令）により廃止されました。このとき元帥であった存命者は、陸軍系の梨本宮守正王、寺内寿一、畑俊六及び海軍系の伏見宮博恭（ひろやす）王と永野修身（おさみ）の五名でした。

軍は一大教育機関——エリート養成校「陸軍士官学校」

この時代、民間企業でも、特定大学の卒業者は初任給からして違うという待遇を受け、昇進も圧倒的に早いというのが一般的でした。官庁は高文合格者をエリートとし（これはいまでも変わらない）、そして陸軍は陸軍士官学校、陸軍大学校を経た者を最高のエリートとしていました。

陸軍士官学校は、陸軍航空士官学校（一九三八年以降）、陸軍予科士官学校を含めて「陸士」と総称される、陸軍のエリート養成校でした。各地の陸軍幼年学校卒業者及び陸軍将校を志願して合格した者に教育を行なうところです。後者は、一六歳から二〇歳までなら誰でも受験できましたが、旧制中学四年程度の試験がありましたので、中学校に進学していない者の合格は難しいものでした。ただ皆無ではなく、実際、陸士五二期の首席卒業生は、徴兵により二等兵として入営した人でした。

予科二年、半年間隊付（部隊勤務）、本科二年で卒業です。予科は外国語、歴史、数学、物理など旧制高等学校と同様の科目のほか教練、射撃、剣術、陣中勤務など。本科は戦術学、戦史、軍制学、兵器学、射撃学、航空学、築城学、測図学、馬学、衛生学、教育学、外国語（英語、ドイツ語、フランス語、ロシア語、中国語のうち一つ）、射撃、剣術、体操、陣中勤務などを学びました。

一九三七年（昭和一二年）、陸士予科は陸軍予科士官学校として独立、本科のみが陸軍士官学校となりました。

陸士卒業生は年平均、明治・大正時代は五〇〇人、一九三七年（昭和一二年）までは三二〇人。そののち日中戦争で急増して一九四〇年（昭和一五年）二月に一七〇〇人、九月に二二〇〇人。

終戦のときの在学生は航空を合わせ一学年三〇〇〇～五〇〇〇人に膨れ上がっていました。

学費がかからず、卒業後は少尉の地位が保証されることから、平時には実利目的で志願した者も多かったようです（いまの防衛大学校も入学金、授業料無料で、月に一一万円の手当て、ボーナスは年間三〇万円以上も出るから、それが目的で入る者もいる）。

ただし、やはり小学校を出たら働かなければ食えなかった小作農（土地を持たない農民）のせがれでは難しく、農民でいえば地主層、自作農以上だったといいます。

実利目的であったという証拠に、一九一九年（大正八年）以降、ちょっと世間の景気がよくなると志願者が質、量ともに低下してしまい、以前のレベルを維持するために採用者を減少させています。

超エリート「天保銭組」を生んだ「陸軍大学校」

そして陸大、すなわち陸軍大学校こそ、当時の日本陸軍の中枢を担う者を養成した、日本陸軍華やかなりし時代の、本当の超エリート校です。参謀養成のための教育機関で、陸士同様、文部省ではなく参謀本部の所管でした。

二年以上隊付勤務をした中・少尉（のちに大尉も）から選抜して高等戦術、高等戦略を学ばせ、併せて軍政、幕僚要務などの専門教育を行ないました。

卒業すれば将校になれるエリートコースの陸士出でも、陸大入学はそのうちの一割程度でした。日清戦争後で一年に四〇～六〇人、一九四〇年（昭和一五年）以後でも一〇〇～二〇〇人です。修行年限は平時で三年、戦時体制になると二年（一九三七年入学）、一年半（一九四二年入学）、一年（一九四三年入学）、半年（一九四五年二月入学）と、どんどん促成栽培になっていきます。

この陸大出の特権意識はありとあらゆる場面で顔を出しました。卒業生は徳川時代の貨幣である天保銭のかたちに似た卒業徽章（きしょう）を胸につけていたので「天保銭組」「天保組」といわれていました。一方、陸大に行かずに陸士のみの者は「無天組」といいました。

「天保銭組」がほぼ少将以上になるのに対して、「無天組」はほとんど佐官止まりで、将官就任率は八％くらいだったといわれています（陸大を出て将官になった者は八一％で、残りの者は将官になる前に戦死している。したがって生きてさえいればほぼ全員が将官になった）。

同じ釜の飯を食った陸士仲間も、陸大に行くか行かないかでは、二五年間でだいたい少将と中佐の差がつきました。年俸にすれば五〇〇〇円（＊一〇〇〇万円）と三二〇〇円（＊六四四万円）の違いです。

「天保銭組」は陸軍省や参謀本部勤務が主で、進級条件を満たすために仕方なく部隊勤務をしても、大隊長を経験せずに連隊長になったり、連隊長、旅団長も経ずにいきなり師団長になったりするのがごく一般的でした（いま、どこぞの役所でキャリア組が二五歳くらいで税務署長になったり、四〇歳台で副知事になるのとよく似ている）。ちなみに陸軍の部隊は、大きい固まりから軍、師団、旅団、連隊、大隊、中隊、小隊、分隊となります。

こうした者たちは、部隊指揮の能力を磨くこともなく、現実に即さない作戦を立てることもあると、戦後だけではなく、当時から批判されていました。一方「無天組」は、いくら部隊指揮能力をつけてもまず旅団長以上にはなれませんでした。

いったん陸大出という絶対的出世のパスポートを手に入れると、もう恐いものはなく、ゴマすりや他人の顔色をうかがう必要もなく、上司にも平気でモノをいうことができたといわれます。

一九三一年（昭和六年）には、そんな「天保銭組」の専横を見かねた憲兵隊が、「天保銭組に対する普通将校の不平反発」という報告書を提出しています。天保銭組の「人格の欠陥」「不軍紀」「非常識なる言動」「制度の欠陥」を列挙しました。よほど目に余ったのでしょう。このあと天保銭組は数々の非常識なる行動を実際に行ないました。

なお、天保銭という江戸時代の貨幣は、明治になってからも通用し、その価値はわずか八厘でした。「型は大きいのに一銭にも満たない」という、いわば「愚者（おろかもの）」の意味で世間では使っていたのに、陸軍関係者はどういうわけか「無上のもの」という意味で使っていました。いかにも国民の顔色などうかがう必要のなかった戦前の日本陸軍らしい話です（一九三六年に起きた二・二六事件の反乱軍将校は全員が無天組であったため、クーデターは天保銭組へのやっかみが原因とされたことなどから、事件後「天保銭」の佩用は廃止された）。

無数にあった陸軍関連学校

いまはいざ知らず、昔は「教育好きの日本人」などといわれました。それは軍も例外ではなく、似たような名前で似たような内容の、おびただしい数の学校がありました。その名前だけ次に列記しておきます。数が多いのは、陸軍の教育総監部が陸軍省からも参謀本部からも独立し、教育総監は天皇に直隷していたからだと思われます。

中学校にあたる「陸軍幼年学校」。
予備役将校としての戦術、指揮能力向上強化のための「陸軍予備士官学校」。
体操や軍楽の教育を行なう「陸軍戸山学校」。
現役下士官となるべき学生を教育する「陸軍教導学校」。
技術を要する隊務遂行に必要な教育を行なう「陸軍科学学校」。
射撃、戦術、通信術を教育する「陸軍歩兵学校」。
射撃、戦術、観測通信術の「陸軍野戦砲兵学校」。
射撃、戦術、観測通信術、砲塔術の「陸軍重砲兵学校」。
高射砲術の「千葉陸軍高射学校」。
工兵科技術の「陸軍工兵学校」。

輜重兵（武器、弾薬、食糧などの調達、輸送）教育の「陸軍輜重兵学校」。

軍用通信、軍用鳩育成の「陸軍通信学校」。

通信関係下士官養成の「陸軍少年通信兵学校」。

経理教育の「陸軍経理学校」。

技術、兵器教育の「陸軍兵器学校」。

戦車、装甲車、自動車整備の「陸軍機甲整備学校」。

そのほかに「陸軍軍医学校」「陸軍獣医学校」「陸軍憲兵学校」「陸軍騎兵学校」「陸軍少年戦車兵学校」「千葉陸軍戦車学校」「陸軍飛行学校」「陸軍航空整備学校」「陸軍航空技術学校」。


これを全部いえた人は当時いたのでしょうか。いまなら「民間に任せてリストラしろ」といわれそうです。

また、この陸軍の学校のいくつかでは少年兵の教育を行なっていました。「少年通信学校」「少年戦車兵学校」などに一五〜一八歳で志願して入校し、二年間の訓練ののち部隊に配属されていたのです。少年兵は海軍にもいて、海軍少年水兵は一四歳から、海軍練習兵は一五歳から志願できました。

少年航空兵には特攻隊で散った者もたくさんいます。九五％が戦死したあの硫黄島にも、まだ一七歳前後の少年兵が多数いました。なお余談ながらあの小笠原諸島の硫黄島は「イオウトウ」と読み、「イオウジマ」ではありません。硫黄島を勝利のシンボルにしているアメリカが勝手に「イオウジマ」といっているだけで、日本で「イオウジマ」といえば鹿児島県にある島を指します。一九四九年（昭和二四年）製作のジョン・ウェイン主演のアメリカ映画「Sands of Iwo Jima」が日本で上映されたときの邦題は「硫黄島の砂」。しかしこのときは、日本人は皆正しく「イオウトウの砂」といっていました。

歩兵と歩兵中隊

歩兵は通常、徒歩での銃撃戦、白兵戦を戦闘の手段とする兵種であり、機械化の遅れた日本陸軍にあっては「花形」とされていました。歩兵部隊はこの歩兵をもって構成し、つねに軍隊の主兵として小銃（三八式）・機関銃・迫撃砲などをもって時と場所を問わず密集・散兵の二戦闘方式により、敵と至近距離で対戦することを主任務とし、戦闘に最後の決定を下しました。

歩兵は平時約一〇〇人（戦時約二五〇人）で歩兵中隊を構成しましたが、陸軍はこれを一家族と見なして、一切の訓練・教育を中隊内で完成させることにしていました。中隊には大尉か中尉の中隊長のもとに、中隊付将校・特務曹長・下士官と召集された二年兵と初年兵がいました。

中隊長は平時、内地の兵舎（「兵隊屋敷」と呼ばれた）では中隊長室に納まり、兵隊とはあまり接触がありません。中隊付将校は若い少尉ですが、初年兵教育の教官であり、かつ兵器・弾薬管理などの責任者でもありました。特務曹長は中隊事務一般と兵隊の世話や指導に責任を持ちました。その一つ下位の軍曹は兵隊が起居する内務班の班長となりますから、兵隊にとって下士官のうち最も身近な存在となります。また班付下士官として伍長が二人いて軍曹を輔佐しました。

班内では二年兵と初年兵がベッドを並べてペアを組み、互いに「戦友」と呼び合い、何かと助け合ったといいます。兵隊の在営期間は前述のように約二年間であり、最初の一年間が初年兵（二等兵）で二年目が二年兵（一等兵）です。二年兵は初年兵からは敬意を込めて「モサ」と呼ばれました。

一等兵の中でとくに品行方正な者が上等兵となり、初年兵係として訓練にあたりました。ですから上等兵として満期除隊することは大変な名誉とされました。なお、初年兵をいじめすぎた二年兵は除隊の日に私服で営門を出たあたりで初年兵から集団でリンチを受けたといいます。もっともそうならないよう、除隊前に初年兵たちを酒保でもてなすのが慣例だったようです。

戦時には中隊が小隊に分かれ、少尉が小隊長となります。小隊がさらに分隊になると軍曹または伍長が分隊長となりました。

騎兵と騎兵部隊

騎兵は元来、騎馬による機動戦闘兵種です。満洲事変頃までのわが国の騎兵部隊は、迅速な馬足による機動性と、独立した戦闘力をもってその任務を達成することを本領とするとされていました。すなわち会戦に先んじては主として敵情を捜索し、あるいは地形を偵察し、もっぱら情報の収集と作戦の資料提供に従事します。会戦にあたっては他兵種と協力して所属兵団の戦闘を容易にし、または独力で敵を奇襲し、戦闘の終局に際しては敗退する敵を敏速に追撃してこれを壊滅させるのです。とくに日本の騎兵は「快走」という運動性を利用して敵の側面あるいは後方に迂回することを最も得意としていたので、ヨーロッパの軽騎兵のような性格だったといえるでしょう。

そんなわが国の騎兵部隊に満洲事変後、種々の変化が表われてきます。一九三三年（昭和八年）、関東軍に「騎兵集団」という戦時編制の大部隊がつくられます。集団長は中将で、いわば「騎兵師団」というべきものです。ここに置かれた装甲車連隊は機械化された騎兵のあり方を示す重要なものとなりました。この騎兵集団は一九三八年（昭和一三年）に北支那方面軍の隷下に入り、一九四二年（昭和一七年）に解隊、その後、代わって戦車第三師団が編成されます。

日中戦争以後に新設された師団には騎兵部隊は置かれず、代わりに装甲車隊と乗馬中隊からなる捜索隊が置かれ、常設師団の騎兵連隊も同様に捜索連隊に改編されました。一九四一年（昭和一六年）には「騎兵」という兵種がなくなり、全面的に「機甲兵」に転換し、騎兵部隊の機甲化すなわち戦車隊化が実施されました。なお騎兵学校では一九三七年（昭和一二年）には乗馬教育を中止し、戦車旅団の運用行動についての研究、教育をするようになっていました。

日本では当初から騎兵部隊は重んじられたとはいえず、大正中期、参謀本部の部長が乗馬騎兵の価値がなくなったと断じ、騎兵旅団長が抗議のため割腹自殺するという事件さえありました。

しかし騎兵には、歩兵のような泥臭さとは異なるスマートさがあり、皇族や華族で騎兵になる人も少なくなく、騎兵出身の師団長も多くいました。「騎兵の栄光」とはこのようなことをいうのでしょう。そして「騎兵の悲劇」とは、騎兵という兵種も消え去り、騎兵隊が捜索隊などというものにさせられ、馬を失った騎兵が転換して戦車隊に属しても歩兵出身者に圧倒され、ついに騎兵の本領を日米戦争で発揮することができなかったという事実を指すのでしょう。

輜重兵と輜重兵隊

輜重兵は、軍需品の輸送補給を担当する兵科です。「輜」とは幌（ほろ）の付いた車、衣類を載せる車のことで、「重」とは重いものを積む車、荷を載せる車を意味するといいます。輜重兵隊は、戦役の全期にわたり間断なく、しかも迅速確実に兵器、弾薬、糧食、被服、諸材料等の軍需品一切を諸部隊に補給します。

日清戦争当時の輜重兵は糧食輸送中心であり、弾薬は砲兵隊で運びました（砲兵輸卒があった）。一九一四年（大正三年）の青島（チンタオ）攻略では弾薬縦列（縦列とは中隊のこと、のち中隊に改められた）と糧食縦列をそれぞれ一隊としました。

輜重兵科は、陸軍の中でも最も軽視された兵科であり、将校は一八八七年（明治二〇年）までは陸大入学資格がなく、士官候補生が出たのも一八九七年（明治三〇年）からのことであり、輜重兵科に決まると将校も兵も一度は泣いたといいます。

野戦における輜重兵部隊には、将校、下士官、輜重兵のほか、多数の輜重輸卒がいました。実際、駄馬（背に荷物を載せる馬）と輓馬（車をひく馬）の口を取るのは輜重兵ではなく、この輜重輸卒の仕事でした。輸卒教育は二カ月と短く、その間に輓駄馬の扱いや梱包積載、陣中勤務等の速成教育を行なうのです。要するに人夫として戦時召集されて軍務につくわけですが、それが長期にわたることは予定されておらず、階級が上がることもない万年二等兵でした。

輜重輸卒側によると、輜重兵と輜重輸卒の関係は武士と足軽くらいの差があり、指揮する者とされる者という違いが明確にあったといいます。「輜重輸卒が兵隊ならば、蝶々トンボも鳥のうち」などという戯れ歌まであったそうです。

輜重兵は長靴に長剣で馬に乗り、輜重輸卒たちはゲートルにゴボウ剣で馬の口を取るのですが、その際、輜重兵は一個班一五人の輸卒を馬に乗って指揮するのですから、歩兵の軍曹並みの指揮力が必要でした。

輜重兵関係者が唯一誇りとしていることは、軍用自動車研究を輜重兵科で担当し、戦後の自動車産業興隆に寄与し得たことだといいます。日本で後方補給・兵站・輜重が軽視されたのは、中世以来の「武士は食わねど高楊枝」という考え方、とくに日露戦争で攻撃精神、精神主義により勝利したという観念から来る反物質主義に由来するものであり、全軍の将兵にこの考えが沁み込んでいた（「携帯口糧あるなれば輜重は要らず三日四日」などという軍歌があった）といえるのではないでしょうか。

ちなみに、輜重兵科の将校で、師団長（中将）や陸軍次官になった例はあるのですが、大将になった者はいません。

陸軍にはこのほかにも歩兵を支援するため砲弾を敵に撃ち込む砲兵部隊、前線や後方で陣地構築や架橋に従事する工兵部隊、戦闘機隼（約六〇〇〇機）を主力とする飛行隊などがありましたが、敗戦によりことごとく解体されました（軍楽隊のみがＮＨＫの日本放送吹奏楽団として生き残った）。

隼を駆ってB29を含む53機を撃墜した穴吹智曹長（戦後、航空自衛隊二佐）

スパイ養成所「陸軍中野学校」

軍事諜報員、秘密戦士、遊撃戦要員など、つまりは「スパイ」を養成するために極秘裏につくられた陸軍の学校もありました。東京の中野にあったため「陸軍中野学校」の名称がついています。「陸軍憲兵学校」がその隣にあったのでよく間違われましたが、別物です。戦後、市川雷蔵主演の映画などで知られるようになりますが、それまではベールに包まれた存在でした（当初は陸軍省の所管で、一九四一年から参謀本部の所管）。

一九三八年（昭和一三年）に後方勤務要員養成所としてスタートして、一九四〇年（昭和一五年）に陸軍中野学校となったのですが、その設立趣意は、日露戦争時に暗躍した明石元二郎（のち陸軍大将）という人にありました。明石は日露戦争直前、公使館付陸軍武官としてロシアに赴任し、そのとき勢力を拡大していたボルシェビキ（ソ連共産党の前身）などの革命勢力と結託、資金を提供して「後方攪乱」を計りました。その資金は一〇〇万円で、いまなら数十億です。内務大臣プレーベの暗殺、血の日曜日事件、戦艦ポチョムキンの反乱などに関わったといわれています。この明石の活動は、日露戦争後、「一〇個師団に相当した」などと評価されました。中野学校はこれをモデルケースにしたのです。

開設初期には、「軍人臭くない者」として普通の大学を出た成績優秀者から選抜されました。最初にいいつけられたことが、「上官に会っても敬礼しないように」というものだったそうです。そして第一期候補生約二〇人は参謀本部に呼ばれ、「いま最初の部屋にあった物をすべていえ」といわれたそうです。これが入学試験だったわけです。

当初、長くその地に潜伏して諜報活動を行なうことを目的としていたせいか、次のように教育科目にもそれらしいものが並んでいます。

「一般教養基礎学」――国体学、思想学、統計学、心理学、戦争論、日本戦争論、兵器学、交通学、築城学、気象学、航空学、海事学、薬物学。

「外国事情」――ソ連、ドイツ、イタリア、英国、米国、フランス、中国、南方地域。

「専門学科」――諜報勤務、謀略勤務、宣伝勤務、経済勤務、秘密通信法、防諜技術、秘密兵器、破壊法、暗号解読。

「実科」――秘密通信、写真術、変装術、開錠術。

「術科」――剣道、合気道。

「語学」――英語、ロシア語、中国語。


合気道などは、あの伝説の達人、植芝盛平翁が教官でしたから、陸軍の力の入れようがうかがえます。

ここで一年間、特訓を受けた学生は（一九四〇年まで）、閑院宮から直接、命令書を受け取り、軍籍を離れたかたちを取り、外務省嘱託という身分で私服になり、ある者はヨーロッパ、ある者はアフガニスタンへと、世界各地の大使館、公使館、領事館などに散っていきました（同盟国のドイツを探ったスパイもいた）。

大使館や公使館の者には、そういう命を受けていることは知らせませんでした。江戸時代、幕府の手の者がどこかの藩に商人などに化けて長く潜り込み、「草」として活動したことなどを、手本としたのです。初期に帰国した者は参謀本部勤務となりましたから、ほんの一時期、参謀本部には陸士、陸大出ではない、慶応ボーイなどの毛色の変わった参謀がいたことになります。ただ、任官にあたり戸籍を消したというのは嘘のようです。

当初は壮大な計画だったようですが、戦争が忙しくなってくると敵後方の遊撃戦教育を主眼とするようになり、末期には残置諜報者（長く一般市民として生活し、ここぞというときに行動を起こす諜報員）の教育に力点を置くようになりました。しかし、残置の実態は、南方の島々に置きっぱなしというものでした。

一九四四年（昭和一九年）には二俣川分校をつくり、遊撃隊幹部要員の養成を行ないました。一九七四年（昭和四九年）、戦後二九年間もフィリピン・ルバング島にひそみ、米軍のレーダー基地破壊などで戦い続けていた小野田寛郎少尉が帰国したときは、皆驚きました。そのときはもはや戦争は遥か昔のことで、とっくに戦後ではなくなっていたからです。彼の部下の一人はその二年前に現地警察と銃撃戦になり「戦死」しています。この小野田さんが、陸軍中野学校二俣川分校の出身でした。

本校、分校ともに一九四五年（昭和二〇年）八月一五日に早々と解散してしまいましたが、一部の生徒は地下に潜伏しました。また教官の藤原岩市（いわいち）中佐（のち陸将）と山本舜勝（きよかつ）少佐（のち陸将補）は自衛隊に入り、情報機関・陸自調査学校（現小平学校）を設立しています。

陸軍よりは風通しがよかった海軍

一方、海軍のエリートコースは海軍兵学校、海軍大学校経由というもので、このかたちは陸軍の陸士、陸大と変わりありません。

海軍兵学校、いわゆる「海兵」は広島県の江田島にあり、いまでも校舎は海上自衛隊幹部候補生学校として使われています。

海兵は一五歳から一九歳までに入学資格があり、学歴制限はなく、旧制中学四年程度の試験を行なっていました。定員は一九三二年（昭和七年）の平時で一三〇人ほどで、同時期、陸士は三二〇人ほどでしたから、半分以下です。志願者は東京、鹿児島が最も多く、各県平均二名くらいが採用されました。ただ、戦時になると次第に増加して、戦争末期にはもう軍艦など見る影もないくらい減っているのに、四〇〇〇人にまで膨れ上がりました。

海軍の士官総数は、一九三〇年（昭和五年）から一九三五年（昭和一〇年）までの平時で五〇〇〇人台、一九四〇年（昭和一五年）には九〇〇〇人、一九四二年（昭和一七年）には一万七〇〇〇人と増えています。

海兵での教育は、大正時代までは、ノイローゼ患者を出すほどのスパルタ式詰め込み教育でした。昭和に入り、それではいけないと、アメリカの新教育方法のドルトンプランという自学自習方式を採り入れたのですが、これはあまり成功しませんでした。海兵は陸士以上に鉄拳制裁が盛んだったようです。

日米戦争中、英語が敵性用語として一般社会で否定されるようになった一方で、海兵では英語教育を重視していました。海兵最後の卒業生は、一九四五年（昭和二〇年）一〇月卒業の七五期生でした。

海兵の在学期間は三年八カ月です。江田島の孤島に隔離して夏、冬の休暇帰省以外は一切世間とは没交渉でした。学校生活は朝から就寝まで分単位の時刻に制限されていて、新聞も読む暇がなかったといいます。生徒に対してはシーマンシップやエチケットを重んじる海軍精神の注入が第一目標であって、まず陸戦様式の基礎――敬礼、行進、挙措動作の厳正を要求されたことは今日の自衛隊の比ではなかったそうです。入校当時、まったく泳ぐことのできなかった生徒を二カ月の水泳訓練ののちには六カイリ（約一〇キロ）の遠泳に参加させて、泳ぎきらしめる、というようなことは、現在ではとても想像もできないことではないでしょうか。激しい訓練に耐えて卒業すると軍艦で内地を隈なく巡航、最後に東京に回航し、全員が天皇に拝謁、それより長途パリまで遠洋航海の旅に出ました。

この海兵卒の約一五％が進んだのが、海軍大学校です。甲種学生（二年）、航海学生（一年）、機関学生（二年）、専科学生（一〜三年）などがありましたが、このうちエリート養成という側面で見れば「甲種学生」がそれにあたり、普通「海大卒」というときは、これを指します。

甲種の入学資格は、大尉任官後一年の海上勤務を経た者で、海兵卒後一〇年くらい経っている者たちでした。修行年限は二年でしたが、戦時に少しずつ短縮されたのは陸軍大学校と同じです。

毎年の卒業人数は二〇～三〇人で、日中戦争以降の戦時になると、陸大が人数を増大させたのに対して、三回募集されただけで人員も減少させています。やはり、戦艦や空母などはすぐにはつくれないということや、船が沈められれば指揮官もいらなくなるということなのでしょう。

しかし、この海のエリートコース「海兵→海大」は、陸軍では絶対的なパスポートだった「陸士→陸大」ほどではありませんでした。海大卒業生の将官進出率は八三％で、陸軍とほぼ同じような数字なのですが、海兵のみ卒業した者の将官進出率が一七％と、陸士のみだと八％くらいだった陸軍より倍以上多くなっています。さらには海大を出ないで、海大組より早く進級した例もあるくらいです。

昭和期の斎藤実、加藤寛治（ひろはる）、野村吉三郎などのよく知られた提督たちも、海大を出ていません。ただし、これらの者たちは例外的存在で、やはり海大が有効な出世のパスポートだったことは間違いありません。

陸軍と海軍の違いは、このほかにもいくつかあります。

陸軍の参謀本部は統帥権について大幅な権限があると思い込んでいましたが、海軍では伝統的に海軍省の権限が強く、陸軍の参謀本部にあたる海軍の「軍令部」は何事につけ海軍省の下に位置しました。これに関しては、軍令部側の反発が少なからずありました。

人事も、陸軍が参謀総長との協議が必要だったのに対して、海軍では人事で海軍大臣が軍令部総長と協議しなければならないのは、参謀将校の進退と参謀官の補職だけでした。

また陸軍では大佐は「たいさ」、大尉は「たいい」と読みますが、海軍では「だいさ」「だいい」と読みました。ただし大将は「だいしょう」といわず「たいしょう」と読みました。これは「だいしょう」ではアメリカの「代将」と同じになってしまい、また「青大将」と混同されるからでしょうか。

なお海軍には陸軍のような独立した教育総監部はなく、教育は、海軍省教育局が担当していました。そのせいなのか、教育機関といっても、陸軍ほどの数はありません。

機関科に属する将校を養成する「海軍機関学校」（のち海兵に統合、舞鶴分校）のほか、「海軍経理学校」「海軍軍医学校」「海軍砲術学校」「海軍水雷学校」「海軍通信学校」「海軍航海学校」「海軍工作学校」「海軍機雷学校」「海軍工機学校」、そして「海軍潜水学校」。

陸軍に比べればダブりもなく必要な教育を施している気がしますが、その海軍も、大戦末期になると慌てふためいたのか、必要に迫られたのか、学校を大量生産しています。「防府通信学校」「電測学校」「沼津工作学校」「気象学校」「大楠機関学校」、軍医科見習尉官のための「戸塚衛生学校」、薬剤・歯科見習尉官のための「賀茂衛生学校」、そして「魚雷艇訓練所」です。

二・二六事件で一般人まで被告にした軍法会議

軍人の犯罪は、陸海軍刑法違反に限らず、一般の裁判所ではなく「軍法会議」で裁かれました。軍法会議はどの国でも軍内部の機関ではなく、明治憲法で定められた特別裁判所の一種です。軍法会議はどの国でも軍隊のあるところには必ずあるもので、現在の自衛隊にはないことから、自衛隊が軍隊でない証拠だという人さえいます。

軍法会議の長官は、陸軍高等軍法会議は陸軍大臣、海軍高等軍法会議と東京軍法会議は海軍大臣で、そのほかの軍法会議の長官はその部隊、または地域の司令官がなりました。長官はその裁判を定め、予審官、検察官を命じ、公訴、捜査を指揮する権限がありましたが、自らは裁判に関与できません。

常設軍法会議の訴訟手続きは普通の刑事訴訟手続きとほぼ同じで、裁判公開主義、口頭弁論主義が採られました。判決が不服なら高等軍法会議に上告することもできました。

軍法会議で有名なのが「相沢中佐事件」と「二・二六事件」です。

相沢事件とは、一九三五年（昭和一〇年）、皇道派青年将校に共鳴する相沢三郎中佐が、皇道派の真崎甚三郎教育総監更迭問題に絡み、統制派のリーダーと見なされていた永田鉄山軍務局長を陸軍省内で斬殺し、半年後に起きる二・二六事件の導火線となった事件です。この裁判は、常設である第一師団軍法会議によるもので、公開で盛大な弁論戦が展開されました。そのせいだけではありませんが、相沢は皇道派から英雄視されました（相沢は死刑）。

一方、二・二六事件は、東京陸軍軍法会議という特殊な特設軍法会議を設け、弁護人なし、非公開、一審制というものでした。

陸軍軍法会議法に基づく特設軍法会議（これも弁護人なし、非公開、一審制）でもなく、緊急勅令による特別法によったものでした。なぜ、そうまでしたかといえば、被告が近衛師団と第一師団に分かれること、常設だと公開となるため被告側の宣伝の場になること、迅速を要すること、「常人」を一般裁判所に委ねたくないこと、などが理由で、これらを枢密院に説明した上で実現させたのでした。「常人」とは、皇道派青年将校の思想的黒幕といわれた北一輝と西田税（みつぎ）のことです。つまり彼ら、とくに北を軍事法廷に引き出すための苦肉の策でもあったのです（北と西田は死刑）。

しかし、いくら緊急勅令を出したといっても、軍人ではない一般人を軍事法廷の被告とすることは、どう考えても無理があります。

このあと皇道派は勢力を失いますが、陸軍は排外主義、国粋主義、軍権の拡大など、彼らのスローガン通りの道をたどることになります。

戦費一五〇〇兆円――錬金術の謎

日本が明治以来の戦争で使った戦費は厖大なものです。とくに日中戦争及び日米戦争で使った戦費はものすごく、国家予算（軍事費）だけではまったく足りませんでした。その金をいったいどうやって調達し、戦後、どのようにして返したのでしょうか。

まずは、各戦争にどれくらいお金がかかったのかを見てください。

日清戦争	二・三億円
北清事変	〇・四億円
日露戦争	一八・三億円
第一次世界大戦・シベリア出兵	一五・五億円
山東出兵	〇・七億円
満洲事変	一九・一億円
日中戦争・太平洋戦争	七五五八・九億円

七五五八・九億円を単純に二〇〇〇倍すると約一五〇〇〇兆円です。現在の軍事費（自衛隊用語では「防衛費」）が年額四兆円ですから、一五〇〇〇兆円がどれほどの数字かおわかりになると思います。

歳出における軍事費の比率は満洲事変以前で一三％台、満洲事変から日中戦争までは一二～一八％、日中戦争から日米戦争開始までは三五～五四％、開始後は五八～七〇％にまで達しています。もちろん、いくらパーセンテージを上げても、これだけではまったく足りません（軍事費比率についてはこれ以外にもさまざまな統計がある）。

戦争がはじまると一般会計とは別に「臨時軍事費特別会計」を設置するのがならいで、日中戦争は宣戦布告をしていないものの、やはり前例通りに設置して、ここから国の財政運営も戦時体制に移行したわけです。

この特別会計は、日中戦争から日米戦争後の一九四六年（昭和二一年）二月末までを一会計年度とし、継続して処理したものです。随時追加予算を認めるというかたちで、予算科目は区別されず、「臨時軍事費」と「予備費」の二項目のみで、その内容を知ることはできない仕組みになっていました。

大蔵省はまったく審査せず、議会の審議も内容が不明なため、申し訳程度の秘密会で可決されました。軍は一応、割り当てられた予算の範囲内で二、三カ月ごとに使用見込み額を請求し、閣議で決定されたあと、大蔵大臣が上奏して裁可を受けるかたちになっていました。この勅裁済額が予算額に相当する、というものでした。随時追加予算を認めるのですから、要するに「使った分が結果的に予算になる」という仕組みです。家計もこのように処理できれば楽なものなのですが……。

ちなみに戦費総計七五五八・九億円の内訳は次のようなものです。

臨時軍事費	一五五四億円
政府借入金により臨時軍事費から控除され特殊決済されたもの	一〇〇億円
国防献金	二七億円
臨時軍事費のうち一般会計に移して整理されたもの	三八二億円
外資金庫損失金	五二四七億円
一般会計戦費	二四七億円
特別会計戦費	三億円

これらの財源は、公債と借入金で賄(まかな)われました。公債は支那事変公債、大東亜戦争公債として国庫債券、割引国庫債券、特別国庫債券が発行され、主に日本の法人や個人が買い、戦後の数百倍に及ぶ大インフレで、結果的に数百分の一を返還するだけで済んでしまいました。

それよりも、全体の七割を占めている「外資金庫損失金」とはいったい何なのでしょうか。これがわからないと錬金術の「からくり」が見えてきません。

この借入金のからくりには、戦時下の特殊金融機関で、一九四二年（昭和一七年）につくられた「南方開発金庫」（南発）と、一九四五年（昭和二〇年）につくられた「外資金庫」が大きな役割を果たしています。

南発は、太平洋戦争で占領したアジア各地における軍票経済下の通貨金融の中心機関として設立され、占領地域の金融調整の役割も果たしました。

南発はまず営業資金を、臨時軍事費特別会計から、占領下各国の現地通貨表示の軍票で借り入れます。そしてこれを資源開発事業を行なっている企業に直接、あるいは日本の銀行を通じて貸し付け、企業は、たとえば石油などの産出物資を軍に売り、その対価として軍票を受け取って南発に返済し、南発はそれを特別会計への返済にあてました。

わかりにくいのですが、つまり、あまり価値のない軍票が、ぐるりと回っているという図式です。本来なら、産出物を売れば一応、真っ当な経済活動であるという図式ですが、それは軍が使ってしまいますから、何ら付加価値が生まれていません。それでも一応、かたちにはなっていますが、一九四三年(昭和一八年)以降、南発は「南方開発金庫券」、通称「南発券」(または「チョビ券」)という不換紙幣を無尽蔵に発行したために、現地に信じられないような大インフレを引き起こし、金融調整どころか、もともと無茶だった戦争経済を破綻に追い込みました。

戦後、本当に「ただの紙切れ」になったこのチョビ券をまだ持っている人は、日本にもアジアにもたくさんいます。

一方、外資金庫もわかりにくさでは負けていません。一九四五年(昭和二〇年)、中国や占領地域における軍事費の支払いのために設立された戦時下特殊金融機関です。

大蔵次官を理事長に、主計局長、外資局長、日本銀行(日銀)、横浜正金銀行(正金)、朝鮮銀行、南発の代表者を理事に、本店を大蔵省外資局内に置いた金融機関です。本店における業務は外資局総務課が行ない、それらしい組織も事務所も従業員も存在しない、帳簿上だけの存在でした。戦後GHQが接収しようとしてやってきましたが、何もないので困惑した、という話です。

占領地域で軍が臨時軍事費から物資を買うとき、現地が途方もないインフレのため、とうてい予算では間に合わず、差額を外資金庫が価格調整の名目で支払いました。その差額は最大で予算の一三〇倍にも達しました。当然のことながら外資金庫の債務は途方もない金額になりますが、「債務は戦争に勝てば解決できる」というまさに破れかぶれの方針でした。

こんなものでも一応、金融ですから、仕組みはありました。

朝鮮銀行は中国連合準備銀行券、正金は中国儲備（ちょび）銀行券と印度支那ピアストル貨と満洲中央銀行券、南発はチョビ券を、それぞれ日銀現地代理店に納めました。これを原資にしたのですが、それに必要な現地通貨資金は、外資金庫と朝鮮銀行・正金・南発との「預合」によって発生させました。お互いが莫大な同一金額を預け合ったかたちにして、帳簿をつくり上げたわけです。悪くいえば融通手形（商品売買取引などの実体なしに手形を出し合い、お互いにそれを現金化する危ない手法）のようなものです。

占領下のアジア各国の通貨を大量に発生させ、それを軍票のかたちで現地に戻して使うのですから、現地が信じられないようなインフレになるのも無理はありません。

これが、戦費全体の七割を占める外資金庫損失金の中身です。

さて、では戦後、どうやってこれを返したのかという謎が残ります。実は、これはいまだにはっきりしないのですが、一応、このように説明されています。

ポツダム宣言受諾直前、大蔵省及び大東亜省の命令により、横浜正金銀行（のちの東京銀行）が中国において政府保有の金塊を売却して決済した、というのです。当時、現地通貨の価値が極度に下落していたから可能だった、その直後に金価格が一〇分の一に下落したから決済したのは実にいいタイミングだった、というのです。

果たして敗戦直前の日本に、そんな大量の金塊があったのでしょうか。もしあったのなら、もっと前に使っていたような気がしますが、どうでしょうか。大蔵省の説明ですから、外交的配慮で完済したかたちに取りつくろったのかもしれませんが、研究者は「大蔵省の説明は正しい」としているようです。

戦費の現地調達システムには、次のような側面もありました。

現地金融機関からの借り入れは、「莫大な軍事費の支払いによって加速されている現地の大インフレから日本を引き離す方策でもあった」というのです。なるほど、現地では一三〇倍の差額を補填したほどのインフレを引き起こしているのに対して、日本では三・五倍（一九三五年比）ほどになっただけですから、引き離し策は成功しています。

軍票を大量に使えば現地がハイパーインフレになるに決まっているのに、日本はその対策を何も講じることがなかったばかりか、敗色が濃くなった一九四五年（昭和二〇年）三月一日につくられた外貨金庫は、インフレの波動を完全に遮断する処置だったといわれています。つまり、運命共同体といっていたはずのアジア各国を、少なくとも金融の面では完全に切り離したわけです。

ところが現地の人々もなかなかしぶとく、「日本の軍票などそもそも信用しなかった」という説もあります。これによれば、ハイパーインフレは日本の軍票の価値下落に過ぎなかったということになります。

もしそうだとすると、日本は独り相撲を取ったことになりますが、実際に大量の食糧品や物資を軍票で買い上げているのですから、影響がなかったはずはありません。

愛国婦人会と国防婦人会

愛国婦人会は内務省が、国防婦人会は陸軍が後押しした、戦前における二大婦人団体です。

一九〇〇年（明治三三年）の義和団事件に際し、日本は欧米列強とともに清国に出兵し、北清事変が起きます。幕末、尊王攘夷運動の女志士であった奥村五百子（いおこ）はこのとき、浄土真宗大谷派の北清軍慰問団に加わっていました。途中、義和団に襲撃された天津の日本領事館に立ち寄ったとき、領事夫人たちが負傷した日本軍将兵に対して献身的な活動を行なっているのを見て、奥村は婦人団体創立を思いついたといいます。

帰国した奥村は旧藩主（唐津藩）の小笠原長生（ながなり）を訪ね、後方救護を目的とした婦人会の趣旨を述べ、その必要性を強く語りました。奥村の話に意気込んだ小笠原が奥村を連れ、貴族院議長の近衛篤麿（文麿の父）に会い、賛同を得ると、軍事支援を目的とする初の女性団体・愛国婦人会の設立は急速に実現に向かっていきました。

一九〇一年（明治三四年）の設立当初は戦没将士の遺族及び傷痍軍人の救護を目的としましたが、一九一七年（大正六年）に規約を改正して、災害時の救済、婦人職業紹介、花嫁紹介など幅広い活動を行ないました。

奥村は機関誌『愛国婦人』に盛んに執筆し、自ら全国を遊説して、会員を募っています。初期は皇族、華族など上流階級の婦人が大半を占めていましたが、次第に一般婦人にも開放され、最盛期には七〇〇万人以上の会員を擁する日本最大の婦人団体に成長していきます。

その活動は内地に止まらず朝鮮、台湾、樺太、満洲、南洋群島などの植民地、さらにはサンフランシスコ、ホノルル、バンクーバーなどにも支部が置かれました。各府県支部長には知事夫人がつくなど役員には地方名士の夫人が名を連ね、サロンの趣きがあったといいます。

一方、大阪で一九三二年（昭和七年）にわずか四〇人で発足し、一〇年後には一〇〇〇万人に膨れ上がり、銃後体制を支える要の一つとなるのが国防婦人会です。

そもそもは一九三一年（昭和六年）に満洲事変が、翌年に上海事変が発生した当時、大阪港界隈に住む主婦らが出征する若者に白い割烹着姿で湯茶を振る舞ったのが、活動の原点です。会費が愛国婦人会よりもずっと安く、労働奉仕が主体だったことから、中下層の婦人を中心に会員数を増やしていきます。

愛国婦人会のスローガン「兵隊さんは命がけ、私たちはタスキがけ」に対し、国防婦人会は「国防は台所から」をスローガンとして、所属する婦人たちは白エプロンのまま台所を出て街頭に繰り出し、出征兵士の見送り、兵営での洗濯、防空演習などさまざまな活動に従事しました。

特筆すべきは、何かと白い目で見られた花街の女性たちも、いったん白エプロンとタスキを身につければ平等に扱われたことです。このようなことから女性運動家の市川房枝や平塚らいてうも、ある種の女性解放をもたらしたとして、国防婦人会の活動を評価しています（そのせいか戦後、市川はＧＨＱに咎(とが)められ、公職追放）。

やがて相互の反感が抜き差しならぬまで高まったため、日米開戦後の一九四二年（昭和一七年）、両会は大日本婦人会の結成に際し、発展的解消を遂げ、さらに一九四五年（昭和二〇年）六月には国民義勇隊編成と同時に大政翼賛会同様、大日本婦人会も解散しました。

第三章　国民生活

戦前もいまと同じ「お役人天国」

戦前のお役人、つまり官吏は、大別すると高等官と判任官に分かれます。高等官は天皇が任命するもので、判任官は各行政官庁において任ずるものです。

判任官は消防士、警部、外務書記生、看守長、帝国大学助手、二等郵便局長などです。それより下の判任官待遇には小学校教諭、府県書記技手、三等郵便局長、巡査、鉄道手などがいます。

高等官は、国の行政をつかさどっていた人たちです。前にも触れましたが高等官には、上から親任官、勅任官、奏任官がいて、親任官を除く高等官を九ランクに分け、一、二等官が勅任官、三～九等が奏任官でした。

主な役職を拾っていくと――。

親任ポスト――総理大臣、対満事務局総裁、枢密院議長・副議長・顧問官、内大臣、宮内大臣、国務大臣、特命全権大使、神宮祭主、陸海軍大将、親任判事（大審院長）、親任検事（検事総長）、会計検査院長、行政裁判所長官、朝鮮総督、朝鮮総督府政務総監、台湾総督。

親任または勅任のポスト――侍従長、式部長官、情報局総裁、技術院総裁、東京都長官など。

高等官一等――宮内次官、宮内省掌典長、李王職長官、陸海軍中将・相当官。

高等官一等または二等――内閣書記官長、侍従次長、学習院院長、各省政務次官、各省次官、検事長、帝国大学総長、朝鮮総督府局長、関東局総長、樺太庁長官、警視総監、北海道庁長官、府県知事など。

高等官一等から六等――帝国大学・官立大学教授など。

高等官二等――各省局長、各省外局部長、各省参与官、陸軍少将など。

高等官二等から七等――各省技師、法制局参事官など。

高等官三等――陸海軍大佐など。

高等官三等または四等――大公使館一等書記官、税務監督局長など。

高等官三等から七等――各省書記官、控訴院・地方裁判所判事検事、帝国大学・官立大学助教授など。

高等官四等から八等――各省理事官、内務省土木事務官など。

官等表ではこのようになっていました。

絶対有利というほどでもなかった東大法学部卒

官吏には、文官と武官（軍人、下士官以上）があり、文官については、基本的には文官高等試験（なぜか「文高」ではなく「高文」といわれていた）の合格者から任用しました。そして、奏任官を経て高位の勅任官になっていきます（奏任文官二年以上。高等官三等の職にあった者は高文試験委員の選考で勅任官になれるというバイパスもあった）。

高文は、単に任官の正規ルートというばかりではなく、官界でのし上がっていくためには必要不可欠なものでした。試験は、事務系のための行政科、外交官及び領事官のための外交科、判事及び検事のための司法科がありました。現在の国家公務員試験Ⅰ種と司法試験に相当するものです。

必須試験科目は、外交官試験の外国語を除けば各科ともに法律ばかりで、一九二九年（昭和四年）に「学識の応用能力を有するや否やを考試する」ために選択科目を大幅に加えています。

東京帝国大学法学部を出て、この高文に通ることが、当時の一大エリートコースでした。ですから東大を出れば無条件に出世コース、出ていなければ一生下積み――などとよくいわれていたのですが、実際は、必ずしもそうではなかったようです。

一九二一年（大正一〇年）、この年の一一月に高文に合格した者は二一六人で、一八七人が官庁に採用になっています。このうち東大卒（法学部以外もほんの少し）は一三七人、その他の大学が二六人、専門学校、中学校、小学校、警察講習所、逓信官吏練習所修了者などの、大学卒ではない者が二四人でした。

このうち高等官一等・二等の勅任官にまでのぼり詰めた者は、それぞれこうです。

東大卒、一三七人中、七〇人（五一％）。
その他の大学、二六人中、一〇人（三八％）。
大学卒ではない者、二四人中、二人（八％）。

大学卒ではない者が出世しにくいことは確かですが、東大法学部卒は有利には違いないものの、圧倒的というわけでもありません。パーセンテージで見れば、その他の大学と、そんなに違っていないのです。東大を出て奏任官止まり（課長クラス以下）が半数いることを考えれば、少なくともこの部分ではいまより風通しがよかったようです。

恐るべき役人のお手盛り

一九三六年（昭和六年）、大恐慌によるデフレが進行し、官吏俸給は大幅に減給されました。上が二〇％、下が四％です。バブル崩壊後に議員や役人がこのように減給したということはありませんから、この頃のほうが常識的でした。

それでも、当時の官庁役人の俸給はかなり高いものです。エリートなら四〇歳ちょっとで官庁の局長というのも珍しくありませんが、これに匹敵するのは大学なら教授で、しかも大学教授はそこ止まりなのに対して官庁役人はその先、次官が待っています。勅任官になると官立大学長、樺太庁長官、府県知事とほとんど変わらないくらいの俸給になりました。

しかも、上級官吏が各種委員を兼ねると、意外な委員手当てがつきました。局長や官房課長で年五〇〇〇円（＊一〇〇〇万円）くらいになったという話もあります。

俸給だけでも相当なものなのに、日中戦争後の戦時になると、かなり手当ては乱脈になりました。物資の欠乏、物価の高騰に見舞われ国民は苦しみますが、官吏は、国庫補助金の交付を受ける外郭団体や政府の各種委員会や調査会から謝礼や手当てを受け取ったり、特別の行政には「特別手当て」を出すことが黙認され、しかも、欠員者の俸給を「賞与」として山分けするなど、「目を覆うような状態に陥っていた」といいます。

お手盛りなら同じ高文組の外交官も負けていません。外務省事務官が外国に駐在すると、外交官になります。

外交官の俸給も、ほかの官吏と同じ官等俸給によりますが、その手当てが、ちょっとすさまじいものでした。

外交官になると「在勤俸」と「交際加俸」（二つとも一種の機密費）がつきます。本俸は五〇〇〇円（＊一〇〇〇万円）前後ですが、駐米大使の在勤俸はなんと四万五〇〇〇円です。いまならざっと九〇〇〇万円です。ちなみに現在の外交官の在勤手当ては平均月七〇万円（もちろんこのほかに住宅手当てや配偶者手当てなどがつく）で年間八四〇万円ですから、それの約一〇倍です。

大使の下の一等書記官は、いまは月額約四〇万円の基本手当てがつきますが（もちろんこのほかにいろいろな手当てがつき、実質的な給与が国内勤務者の二倍になると批判されている）、昔は年間五〇〇〇〜一万円もつきました。いまでいえば一〇〇〇万〜二〇〇〇万円です。駐米大使ではなく、ほかの国に赴任した大使でも二万〜四万円（＊四〇〇〇万〜八〇〇〇万円）も受け取っていました。

さらに、妻が赴任に同伴すると「妻加俸」というのがあり、夫の手当ての三〜四割もが支払われていました（現在も配偶者手当てや子女教育手当てがつくが、昔の「妻加俸」に比べればかわいいものである）。

また交際費にあたる交際加俸は、領収書もいらない、個人収入にもなる手当てでした。

財閥の当主はなんと年収五〇億円

いま、「財閥」の意味を若者に聞くと、「大金持ち」「いくつかの会社を持っている人」などと答えます。戦後、財閥が解体されてから、もう七〇年も経ちますから無理もありませんが、戦前、財閥といえば一族支配、持ち株会社など、もっと明確なかたちがありました。

戦前、二大財閥なら三井と三菱、四大財閥といえば三井と三菱に加えて住友、安田で、さらに新興財閥を加えた一〇大財閥ならこのほかに鮎川、浅野、古河、大倉、中島、野村が入ってきます。

その羽振りのよさの一端は、いまでもうかがい知ることができます。

たとえば東京の武蔵野市にある安倍晋三首相の母校・成蹊大学の広大な敷地は三菱の岩崎小弥太のものでしたし、隣にある成蹊高校のかなり大きな敷地も、その別邸でした。東京の三鷹市にある国際基督教大学の広大な敷地（東京ドーム一三個分）は、中島財閥（現富士重工、戦時中は戦闘機隼などを生産）の当主・中島知久平のものでした。

会社の数がいまよりも遥かに少なく、工員などの人件費も安く、法人税も所得税も、税金がいまより遥かに安かった時代です。軍需を独占的に扱うことにより、資本もビジネスも財閥に集中して、さらに再生産されていたわけです。

岩崎財閥一族、前列右は弥太郎の長男・久弥

三井財閥の総帥・団琢磨（たくま）は、ボーナスを半期に四〇万円も貰っていたと伝えられています。年間で八〇万円、いまの価値に換算すると、ボーナスだけで年間一六億円です。「三井の大番頭」といわれた彼の屋敷は原宿にあり、敷地の中に国鉄（現ＪＲ）の駅が二つあったそうです。
一九三六年（昭和一一年）の高額所得者ランキング・ベスト一〇〇のトップは、三井財閥当主の三井高公（たかきみ）で二五四万円、いまなら五〇億円を超えます。この収入でも最高税率（四〇〇万円超三六％）には達せず、税率は二〇〇万円超の三〇％課税でした。

ベスト一〇〇の大半は三井、三菱などの当主や重役たちでした。しかし、財閥に対する批判がだんだんと強まり、一九三二年（昭和七年）に団琢磨が井上日召（にっしょう）率いる血盟団に暗殺されてからは、各々自邸を公園として開放するなど、財閥は自粛せざるを得なくなります。

三井財閥は一族が同族会を構成し、総領家の戸主を議長として、親族関係のほか営業に関する一切を議決事項としていました。三井合名会社（三井本社）の株を総領家が二三％、ほかの本家が各一一・五％、連家が各三・九％と、すべてを一族で保有して、この中から社長、代表役員、業務執行役員二人、監査役二人を選びました。この三井本社が、三井銀行、三井物産、三井鉱山などの会社の株を持つというかたちで、いわば持ち株会社として支配しました。戦後、GHQの命令により「財閥解体」（当初は零戦と戦艦武蔵を製造した三菱がターゲットだった）が断行されますが、その後も長く、かつての財閥支配体制である「持ち株会社方式」は禁止されていました。

戦前の財閥は不動のものだったように思われがちですが、そんなことはありません。やはり、戦争の影響を受けています。戦時経済の展開によって財閥内資金需要が増大し、三井本社は資金逼迫により資本統括機関としての機能を失います。「戦争が長期化し、思うように金を都合できなくなった」ということです。一九四〇年（昭和一五年）には三井物産が三井本社を合併します。本社に代わる統括機関として三井一一家による三井総元方を設立し、財閥の本部機能を継承しますが、これは法人格も資本もない、三井家の私設機関でした。そして一九四二年（昭和一七年）、本社としての三井物産の株式が公開されるに及んで、三井家の閉鎖的で独占的だった支配体制は大きく崩れたというべきでしょう。

一方、もう一つの財閥の雄、三菱財閥の本社名は「三菱合資会社」でした。三菱財閥を支配する岩崎家は二家あり、創始者・岩崎弥太郎の系統と、弥太郎の弟・弥之助の系統で、両家のみが財閥の所有者であり、交代で社長を務めました。大正、昭和時代、弥之助の長男で四代目社長の小弥太が三菱財閥を大きく伸ばしました。

ところがその三菱も一九四〇年（昭和一五年）には株式公開し、広く資金を求めざるを得なくなり、一九四三年（昭和一八年）には合資会社を株式会社に改めます。統制経済下にあって軍需発注や資材割り当て、労務動員などに対処するため、本社機能の強化が図られたのでした。

さて、国鉄の駅が敷地内に二つもあったという団琢磨や三井家、岩崎家などは戦後、どうなったのでしょうか。一九四六年（昭和二一年）にすさまじい財産税をかけられ、「食うに困る」ほど大部分の財産を取り上げられています。この財産税は最高税率九〇％というすごいもので、一五〇〇万円（戦中、戦後のインフレにより、現在なら一五億円くらいに相当）以上の資産を持っていた者が最高税率を適用されていますから、財閥系の金持ちは全員でしょう。団琢磨の孫で作曲家だった団伊玖磨(いくま)も戦後、かなり苦労したそうです。

これは皇室も例外ではありませんでした。一九四六年（昭和二一年）当時、GHQ渉外局が調べたところ、皇室には純資産が三七億一五〇〇万円（＊三七一五億円）あり、うち約九〇％の三三億五〇〇〇万円（＊三三五〇億円）を財産税として取り上げられています（私有地はすべて没収）。

途轍もない大地主と、貧しい小作人

戦前と戦後で大きく急激に変化したのが地主・小作制度に代表される農地所有制度です。一九四七年（昭和二二年）、ＧＨＱの指令で、農地の所有形態は根底から変わりました。地主が所有していた農地を政府が安く強制的に買い上げ、小作人に、これまた非常に安い値段で売り渡したのです。

不在地主（その村に住んでいない地主）が所有していたすべての貸し付け地が対象となり、在村地主（その村に住んでいた地主）の場合でも、一町歩（三〇〇〇坪、ちなみに一反は三〇〇坪、一畝（せ）は三〇坪）まで（北海道は四町歩まで）しか保有を認めませんでした。その結果、全国で二〇〇万町歩の農地が買い上げられ、土地を所有する農民（自作農）は、それまでの二八四万戸から五四一万戸に倍増しました。

地主というと、ただ大きな土地を所有している者のようですが、そうではなく、農地を所有していて、それを「賃貸し」している者のことをいいました。自分では耕さない地主は「純地主」（「寄生地主」という批判的な呼び方もあった）、小作人に農地の一部を貸す一方で自分も働いた地主は「自作地主」、農地をすべて小作人に貸して自分は都会などにいる地主は「不在地主」です。

そして、自分の所有する農地だけを耕して生計を立てていた者は「自作農」、自分の農地だけでは足りずさらに農地を地主から借りていた者は「自小作農」、すべての農地を借りていた者は「小作農」と呼ばれました。

そもそも大地主とは、一八七三年（明治六年）の新政府による地租改正で、農地を無制限に買ってもいいようになったことで誕生しました。一九二六年（大正一五年）の統計で、五〇町歩（一五万坪、東京ドーム約一一個分）以上の大地主は全国で三〇〇〇戸ありました。三〇町歩以上の地主をとくに「大地主」といい、青森、秋田、山形、宮城の東北地方や埼玉、山梨、岐阜、新潟、富山、鳥取、愛媛に多く存在しました。

「本間様には及びもないが、せめてなりたや殿様に」と、江戸時代に北前船などで財を成し、その栄華を戯れ歌にまで歌われた山形県酒田の豪商・本間家は、戦前日本最大の大地主でした（ところが貴族院多額納税議員選挙権者の名簿には現われない。事業を法人化していたか）。小作人が二五〇〇人もいて、なんと一七八四町歩の農地（五三五万坪、東京ドーム約四〇〇個分）を保有（一九二五年）していました。

巨大地主は「差配」制度（農地や作物の管理、小作料の取り立てを行なう家を置く制度）を取り入れて小作人を管理しており、本間家でも巧みな「代家（たや）」「差配」の制度を駆使していました。代家とは、差配とは若干立場は違ったものの、同じく土地・小作人管理のために必要な場所（地主の所有地内）に配置された家です。

代家はもちろん本間家に忠誠を誓い、率先して農業に励み、小作人の規範となりました。一六〇年間も代々、代家を務めた家もあります。本間家では、小作人の間に五人組をつくらせ、組長に組内小作人の保安や収穫の責任を持たせました。その一方で本間家は凶作や火災、兵士の出征時などには、小作人にさまざまな配慮を施しました。また小作料が全国平均より高率だったにもかかわらず、戦前、全国で年に数千件は起きていた小作争議も、本間家に限ってはほとんどなかったといいます。これは、巧みな経営哲学としていまに伝わっています（敗戦により本間家もすべての農地を失った）。

一方、これらの地主から農地を借りて田畑を耕し、賃借料を払っていたのが小作農です。日本の全農地の小作地率は一八九〇年（明治二三年）から終戦まで約四五％ですので、だいたい全農地の半分が小作地だったと思っていいでしょう。戸数で見ると、一八九八年（明治三一年）に自作農三三％、自小作農三九％、小作農二八％という分布になっており、終戦までこの数字の前後で推移しました。つまり、農家の約三割が、テレビドラマ「おしん」の実家のような小作農だったわけです。

自作農は地価の三・八％（一九三一年）の地租を国に納め、小作農は江戸時代の年貢と同じように収穫の約半分を「地代」として地主に納めなければなりませんでした（地主は納められた米を売り、地租を国に納めた）。もし同じ面積の農地なら、自作と小作の収入の差は極めて大きいものです。

自作農と小作農の具体的な差は、「水田反当たり収穫米に対する租税比率（地租）」を見るとおおよそ類推できます。一八八七年（明治二〇年）、米の値段が四六銭（一〇キロ）と安いときの租税比率は二一・五％、一八九二年（明治二五年）、米の値段が六七銭（一〇キロ）と高いときには一二・七％と低くなっています。仮に租税比率が平均二〇％だったとすると、自作農は米が八割手もとに残り、小作農は五割しか手もとに残らないということになります。そして地主は莫大な収穫米を毎年ふところに入れていたということです。

ただ、一九三八年（昭和一三年）の耕作面積規模を見ると、五反（一五〇〇坪）以下の小規模自作農が、全農家中約一三％もいます。戦前、とにかく農業で食えるといわれた面積が一町歩（三〇〇〇坪、東京ドーム〇・二個分）ですから、その半分もありません。

一方、すべての農地を借りている小作農でも、一町歩以上の耕作規模の者が約五％もいました。ですから、「自作農だから食えた」「小作だったから娘を売り飛ばすほど貧しかった」とは一概にはいえません。

「おしん」の実家はおそらく、五反以下の小作農だったのでしょう。食うのに必要な面積の半分以下で、しかも収穫の半分を地主に納めなければならなかったのですから、その貧しさは想像を絶します。

小作争議は効果があった

小作料（作株、ザル代、鍬先、草切、上土料、甘土料等々、全国に無数の呼び名があった）は、水田で、およそ収穫高の半分が平均でしたが、畑の場合は収穫した物ではなく玄米や麦、大豆などの物納、あるいは金納、稀には労力提供などもあり、その小作料は二八％（一九二一年）から二六％（一九三三年）でした。不作などで小作料を滞納すると、地主はそれを貸し金に改めて、年利で一割から一割五分の利息を取ることもありました。

政府にとっても小作問題は重大で、自作農創設政策や、たび重なる小作争議対策として小作調停法などの対策を取っています。それでも、小作争議は一九三五年（昭和一〇年）の六八二四件をピークに毎年数千件は起きていました。全耕地の返上を申し出て小作全員が出稼ぎに出る構えを見せたり、地主の家に投石し「小作料を減額しろ」などと集団で行動したりしました。小作争議と小作料の関係を見ると、小作争議が多かった地方の平均小作料のほうが数％低くなっていますから、それなりの効果はあったと思われます。

一九四七年（昭和二二年）の農地改革まで地主小作制度は揺るぎないものだったように思われがちですが、実は、大正時代の中期からこの制度は衰退をはじめていました。五〇町歩（一五万坪）以上保有の大地主はこの頃から減少の一途をたどっていたのです。

小作料も、大正中期に五一％だったものが、一九三三年（昭和八年）から一九三五年（昭和一〇年）には四六％、一九四一年（昭和一六年）には四五％と減っていき、一九四二年（昭和一七年）の食糧管理制度（政府が米を一括して農民から買い上げ、国民に安く配給した）で地主は壊滅的な打撃を受け、戦争末期にはなんと九％まで低下しています。小作農は「供出」により作物を政府に売った代金を地主に納めることになり、納めるべき地主米価は据え置かれ、供出代金は引き上げられたので、結果的に小作料の大幅な減額となったのです。

余談ながら、米が配給制となって、それまで稗（ひえ）や粟（あわ）を主食にしていた山奥の人々に米が回るようになり、米食中心だった都会生活者が雑煮やカボチャも食べるという、一時的に「平等社会」になったのは、歴史の皮肉です。

なお、太平洋戦争中にも小作争議は年二、三〇〇〇件も起きていました。国を挙げての戦争より、目の前の生活確保のほうが切実だったのでしょう。

想像を絶する庶民の貧しい生活

いまは格差社会が進行しているといいます。格差社会といえば、戦前の日本はまさしくそうで、とにかく課税最低限がやたらと高いところに設定してあったとはいえ、所得税を払うのは全国民の五％という社会でした。

ましてや「超学歴社会」ですから、大学を出ていれば高給が保証されますが、貧しい庶民たちには金のかかる上級学校に行くなどとてもおぼつかないことでした。頑張って金を稼ぐ人ももちろんいましたが、貧困から抜け出すすべがほとんどなかったこの時代は、やはり貧富の差が固定化されていきました。そのことを、私たちはもう忘れています。

　戦前、福井の山奥で五反（一五〇〇坪）ほどの農地を持っていたある自作農の子が、こんな経験を話しています。規模は小さくても自作農ですから「おしん」のところよりいくらかマシかもしれません。

「家は茅葺にすることもできずトタン屋根で、夏は大変暑く、冬は底冷えするくらい寒かった。そこの二〇軒の中でも生家は貧しいほうだった。その頃の暮らしは、いまとなってみれば懐かしさもあるものの、とても楽といえるものではない。米もいまは一反一〇俵前後収穫できるようになったが、当時はせいぜい三、四俵である。今年は豊作だと父親が喜んでいたときでも、一反あたり五、六俵しか獲れていない。少ない年なら二、三俵であった」

　茅葺は維持に手間がかかるので、そんな暇もないほど、当時の農家の仕事量というのは、いまの人たちから見ると想像を絶するようなものだったのです。

「田植え時の雪解け水は肌が切れるように冷たい。春になると冬の間にためておいたかまどや囲炉裏の灰を田畑に撒き散らして雪解けを早くする。そして農耕馬の馬糞や人糞、近くの山から集めてきた落ち葉の堆肥を田畑にすき込んでいく。田植えが終わると雑草取りは女子供の仕事となり、父親は数十キロ離れたところの山に入り炭焼きをした。近所の山は杉山で、ナラ、ブナなど炭に向く木がなくなっていたので、遠くまで出かけなければならなかった」

父親は田植えが終わった五月中旬には家を出て、夏のお盆に一度帰宅する以外は、一〇月の稲刈りのときまで帰ってこなかったといいます。

「そして父親が秋に帰ってくると、家族総出で稲を刈る。これをハサにかけて天日干しにするのもひと仕事だった。いまは熱風で乾かしてしまうが、当時は空高く何層にも稲を木にかけて干していた。私は干し上がるまで雨が降らないようにと祈るような気持ちだった。もし雨が降れば真夜中でもハサにコモをかけに行かなければならない。天日干しが終われば足こぎの道具で脱穀する。残った藁（わら）を屋根裏に積み込むのは子供たちの仕事だった。こうしている間にも厳しく長い冬が訪れる。山あいの村は一一月のうちには完全に雪に閉ざされてしまう。しかし仕事がなくなるわけではない。私が小さい頃は一晩に二メートルも雪が降り積もることがあり、皆、二階の窓から出入りした。家が重みで潰れないように雪下ろしをして、人が通れるように道を開けなければならない。父親は冬の間はずっと家にいて、やはり働き詰めだった。炭俵、米俵、草履（ぞうり）、ゴザブシと呼んでいた藁のマントなど、冬の間につくっておく。当然子供たちもその手伝いをした」

一方、母親は母親で、やはり一年中忙しく立ち働いています。

「父親がいない間、堆肥づくりや野菜づくり、草取りなどの大変な作業をこなしつつ、われわれ六人兄弟を育ててくれた。豆腐、味噌、醤油、冬ごもり用の大量の漬物もすべて自家製で母親がつくっていた。大半の米は出荷してしまい、うちにある米は出荷できない出来の悪い米で、それでも量が足りればいいが、とても育ち盛りの子供たちのお腹を満たすことができなかった。そこで夏の間に、母親が山の斜面に稗、粟を蒔いてくれた。稗、粟は荒地にも育つので、それを秋に雑草ごと刈り取り、実だけ取り出す。そして米が不足している分、増量してくれた。ただ食べてみるとボソボソしており、苦労している母親にいうことはなかったものの、おいしいとは思えなかった。稗、粟などいまなら小鳥の餌である」

米を出荷したといっても平均でせいぜい一二〇〇キロ（一俵は六〇キロ）ですから、小売り価格換算でも一〇〇キロ二五円（一九三五年）、三〇〇円（＊六〇万円）にしかなりません。その七割くらいは手もとに残ったのでしょうか。月にすれば二〇円（＊四万円）にもなりません。これで、家族八人を養わなければなりませんでした。

当時の食事の定番は、稗粟入りご飯に味噌汁、おしんこ、野菜の煮物というもので、この定番以外の食材が食べたければ、子供たちは自分で採取してこなくてはなりません。幸い山はその気になって探してみると、食材の宝庫でした。

「フキに似た植物で流れの近くに生えているタニフサギ、イタドリといった雑草は食用になったし、キノコももちろんご馳走になる。近所の桑畑で桑の実を採り、兄と二人で口中紫色にして食べたこともある。アケビもおいしい。田んぼにいるイナゴも甘辛く煮るとおかずになった。ひもじさのあまり山の藤豆（山藤の実）を焼いて食べることもあった。藤豆は食用にはならず、吐いたり下痢を引き起こす。蜂の巣は何回もいただいた。巣を見つけると煙でいぶして蜂を追い払い、蜂の子を取り出して葉っぱにくるんで囲炉裏の灰の中に入れて蒸し焼きにする。おいしいものではないものの栄養はあった。家の前の小川では岩魚が獲れた。貴重なタンパク源で獲れるとうれしかった。町の工場で働いていた兄が結核で自宅療養していたとき、山でマムシを捕まえて食べさせた。おいしくないが精がつく」

当時、一番のご馳走といえば「こぬか鰯」で、米ぬかに塩、唐辛子を入れ保存食にした鰯を盆と暮れの年二回、一樽ずつ買い、月に一回か二回、これが出たといいます。

「ただこれもいまから見ればとてもご馳走とはいえないもので、私は鰯はおいしく食べたが、まわりについたヌカがなかなか喉を通らない。残したといって父親に殴られたことがあった。肉はほとんど食べた記憶がない。村の農家はそれぞれ農耕馬を持っていて、馬が死ぬと役場の規則で土葬にしなければならなかった。しかしどの家でも、浅く形だけ土をかけ、夜中、村人たちが密かに掘り起こしにいき、共犯者になって馬肉を分け合った。そんな肉を何回か食べただけだった。私は馬が好きだったからこのときは複雑な気持ちになったが、たまに食べる肉の味には勝てず、おいしくいただいた。この時代は日本全体が貧しく、さらにその山奥の村で生活していた人たちなら、おそらく同じような体験を持っていることと思う。当時、小学校を出てからの働き先といえば、農家の後継ぎでなければ、兄のように工場で見習いになるか、姉のように機織り工場で働くか、商店の丁稚になるか、お国が募集していた満蒙開拓青少年義勇軍に参加するしかなかった」

労働量といい、貧しさといい、言葉もありません。この人は一二歳にして家の手伝いのほか炭俵の運搬のアルバイトで稼ぎながら、授業料のある高等小学校（二年）を出ます。中学校進学などまったく考えられなかったといいます。何キロメートルかの山道を、炭俵三俵、下の馬車停まで運び、貰う賃金は一俵あたり四銭でした。いまなら八〇円です。

なおこの人は、のちに福井から大阪のミシン縫製工場に働きに出ます。一九三八年（昭和一三年）、工場の見習の月給は宿舎、三食付きで五〇銭、いまなら一〇〇〇円弱でした。映画を観て、饅頭を何個か食べると、一瞬でなくなったそうです。これが、格差社会の底辺の実態です。

さて、貧しさなら都会の下町だって負けていません。

一九三八年（昭和一三年）に上映された高峰秀子主演の『綴方（つづりかた）教室』は、豊田正子という東京下町に住む、貧しいながらも元気に生きる小学生が書いた綴方、つまり作文が表彰され、それが契機で映画化されたものです。その中に、わずか一〇秒で終わってしまう当時の晩ごはんのシーンがあります。冷や飯にお湯をぶっかけ、かっこみます。おかずはたくあん二切れで、最後に茶碗をきれいに拭ったこのたくあんを口にして、食事は終わりです。

「それは映画の話だろう」といわれるかもしれませんが、実話です。また当時、主に陸海軍の廃棄物で生活していた人々がいたという記録が数多く残っています。

戦前は（終戦後の一時期も）、残飯市場というのがありました。軍隊をはじめデパート、学校などから出る残飯を専門業者が一貫目（三・七五キロ）一二銭で買い、一八銭で売っていました。キロあたり約五銭ですから、白米の六分の一ほどという安さです。これを主食にしていた層が、確実に存在していました。誰かの食べ残しである残飯を、です。

その残飯ですら､昭和の大恐慌で値上がりし､売値が一貫目一五銭となります｡近衛連隊など｢これは上質残飯だ｣といって二三銭で売っていますから､たちの悪いところです。売った金は、いったい誰のふところに入っていたのでしょう。

さらに信じられないような数字が残っています。当時「スラム」ともいわれた四谷にあった鮫ヶ橋（さめがはし）小学校の児童三九八人中、なんと一〇四人が残飯を主食にしていました。二六％もの家が残飯を主食にしていた時代なのです。

もっとすごいのは、このあたりでは「流れ残飯拾い」までしていたことです。軍隊施設の下水溝から流れてくる残飯をすくい取っていたのです。周辺に住む貧しい人たちの女房や子供が軍の敷地内に入り込み、賄い所の下水道出口にザルをあてるために群がったといいます。さすがに何千人も生活している軍の営所ですから、洗い流しだけで一人一斗缶二つ分くらい取れたそうです。夏などは半分腐っていたのではないでしょうか。いくらなんでもこれは食用とはせず、養鶏場に持ち込んで、一升三銭で引き取ってもらっていました。

この時代、こんな話ならいくらでもあります。

貧農の子で女郎屋に売られた女たちも悲惨の極みです。梅毒にかかって髪の毛が全部抜けてしまったのにカツラをつけて客を取らされたとか、警察に駆け込んで自由廃業を宣告すれば娼妓名簿から登録抹消される建前でしたが、実際には、まさか賄賂を貰っていたわけではないでしょうが、警察が楼主に連絡してしまい、女郎は拉致され半殺しにされたといいます。

戦後、中年の人たちが「戦前はよかった」というのを数限りなく聞きましたが、昔、よい生活ができた人だけが、そんなふうにいえたのです。

戦前は「個人」より「家」

一九四七年（昭和二二年）に新民法が制定されるまで使われていたのが、一八九八年（明治三一年）制定の旧民法です。考えてみると、明治維新以来、三〇年も民法のない時代があったわけで、それでも慣例、慣習を基準にして裁判も行なわれ、法律がなくても、なんとかなっていたのだから不思議なものです。

旧民法と現在の民法で最も違うのが「家族制度」で、いまの「個人」を中心とした制度ではなく、「家」が中心概念となっています。

その家とは、「戸籍にも明記された法律上の戸主が必ず一人いて、他の家族との権利義務関係によって成り立つ親族団体」で、戸主は通常、嫡出（正妻の子）の長男が引き継いでいました。戸主には、家族の統率のために権利が与えられており、それを「戸主権」といいました。いまでは考えられませんが、家族に対して「居住指定権」を持ち、「家族の入籍、去家、婚姻、養子縁組の同意権」も持っていました。つまり、戸主の許可なく勝手にどこかに住むこともできず、結婚することもできなかったということです。一方、義務は、本来、戸主権があろうがなかろうが果たさなくてはならない「家族を扶養すること」だけです。

戸主は六〇歳を過ぎると子に戸主権を渡し、隠居することができました。いまの「横丁のご隠居さん」といった、現役を引退した高齢者という意味合いではなく、法律に裏打ちされた正しい「隠居」です。この場合は、相続した者が隠居の扶養義務を負いました。また、女も戸主になれましたが、その場合は、早く男戸主に代えられるように、隠居に年齢制限を設けませんでした。

三〇歳まで父母の同意が必要だった結婚

現在、結婚できる年齢は男一八歳、女一六歳ですが、戦前は一七歳と一五歳で、いまより一歳早く認められていました（年齢は満年齢）。

ただし、男三〇歳、女二五歳になるまでは父母の同意が必要で、さらに年齢に関係なく、婚姻そのものに戸主の同意が必要でした。爺さんがまだ健在で隠居していないというときには、どうしてもその爺さんを説得しなければならなかったわけです。

しかし、戸主の同意が得られなければ絶対に結婚できなかった、というわけではありません。戸主の同意のない婚姻届が提出された場合、役所の戸籍吏は「同意を得てくるように」と注意する義務はありましたが、本人たちがどうしてもそのまま届けを出すと主張すれば、拒むことはできなかったのです。戸主も、あとから婚姻無効の請求をすることはできず、戸主にできることは、せいぜいその者を勘当（除籍）してしまうくらいのことでした。

このように、戸主の不同意は無視できたし、あるいは母親の反対も親族会（裁判所に認められた正式な組織、その家にまつわる事件が起きると招集される親族、縁故者の集まり）の同意を得れば無視できました。つまり、他の親族の力を借りればなんとかなったのです。

しかし「父親の不同意」だけはどうにもなりませんでした。当時、駆け落ちや心中が多かったというのも頷ける話です。

一方、当時の民法では、離婚に関して具体的に一〇項目、訴訟を起こすことのできる離婚原因を挙げていました。

配偶者が重婚したとき、妻が姦通（配偶者以外の異性と関係を持つこと）をしたとき、夫が姦通をした相手の夫から訴えられて刑に処せられたとき、配偶者が賄賂や猥褻や窃盗や詐欺などで刑に処せられたとき、配偶者またはその直系尊属（祖父母や父母）から虐待を受けたり重大な侮辱を受けたとき、などです（いまは「婚姻を継続しがたい重大な理由」といった抽象的な表現になっている）。

当時は、妻は姦通すれば即、離婚理由になりました。夫は相手の夫から訴えられて刑に処せられたときだけ離婚理由になったのですから、同じ姦通をしても女性のほうが一方的に差別されたのです。

しかし、戦後の一九四七年（昭和二二年）まで存在した「姦通罪」（刑法）は、実際には成立しにくい犯罪でした。

妻が姦通したときは、その相手の男（相姦者）とともに二年以下の懲役となりますが、姦通罪は「夫からの」親告罪で、妻が夫の姦通を知っても訴えることはできませんでした。そして、その夫も妻との婚姻を解消するか、離婚の訴えを起こしたあとでなければ妻を告訴できませんでした。さらに、相手の男だけを訴えることはできず、妻の姦通を知ってから六カ月以内に訴えなければならないことなど、数々のハードルがあったのです。不思議なことに、必死で成立させないような内容になっています。

実際問題として、妻を許せなければ、離婚すれば、それで問題は終わるわけで、そのあとあえて恥を世間にさらすような男はあまりいなかったはずです。

ただ、一九一二年（明治四五年）に詩人の北原白秋が隣家の人妻、松下俊子と姦通した際には、その夫から告訴されています。白秋は俊子とともに二週間拘留されたものの、結局、示談が成立して無罪免訴になっています。

また、未亡人や内縁の妻の場合には姦通罪は適用されませんし、姦通によって離婚したり刑を受けた者は、その相手と正式な婚姻はできないとされていました。北原白秋も松下俊子とは結婚していません。なお、当時日本の支配下にあった韓国では、二〇一五年（平成二七年）二月まで男女ともに姦通罪が存続しました。イスラム圏では現在でも姦通した女性は死刑です。

女子選挙権が実現したのは敗戦のおかげ

女性差別をいうとき真っ先に典型事例として取り上げられるのが、「戦前は選挙権、被選挙権を女性に認めなかった」ということでしょう。非民主性、後進性を物語るバロメーターの一つといっていいでしょう。もっとも、前にも述べたように女性には「兵役がない」という最高の特権もありました。

昭和に入り五回、女性に選挙権を認める法案が議会に提出されますが、いずれも否決されています。もっとも男子でも、税金の額により認められた制限選挙が普通選挙（ただし男子だけ）になり、誰でも投票できるようになったのは一九二五年（大正一四年）のことでした（国政選挙の初めは一九二八年）。日本で女性に選挙権が認められたのは戦後、一九四五年（昭和二〇年）末のことで（マッカーサーからいわれる一日前に閣議で決定していた）、一九四六年（昭和二一年）四月の戦後初の総選挙では多数の女性代議士が誕生しました。

世界的に見ても女性に選挙権が認められたのは遅く、アメリカで一九一九年（大正八年）、イギリスが一九二八年（昭和三年）、フランスでも戦後になってからです。スイスに至っては、完全に認められたのは一九九三年（平成五年）になってからのことです。もっとも、もし敗戦がなければ、日本も現在どうなっていたかわかりません。いま頃、何十回目かの女子選挙法案が提出されていたかもしれません。

女性は、治安警察法により、政治結社に加入することも禁じられていました。女性が政治意識に目覚めて多数参加するようになったから禁じたわけで、違反者も加入させた者も二〇円（＊四万円）の罰金刑に処せられました。はじめは政談集会（演説会）に参加することも禁じられていましたが、一九二二年（大正一一年）には女性の参加が認められています。

戦前にもあった「生活保護」

低福祉で、社会的保障とはおよそ無縁と思われる戦前に、すでに年金制度や健康保険制度、生活保護的なものなどがあったことを知る人は少ないでしょう。失業保険以外の社会保険制度は、とりあえずかたちができていました。ただし、この頃には「社会福祉」という言葉はまだなく、「社会事業」といっていました。

いまの生活保護法にあたる「救護法」ができたのは一九二九年（昭和四年）のことです。それまでは一八七四年（明治七年）に制定された「恤救規則（じゅつきゅう）」が唯一の公的救済制度でした。「救済は本来、人民の相互の情誼（じょうぎ）によるべきであるが、目下、困難が大きいので、重度障害者、老衰者、孤児など一定の条件の者に米の代金を給付する」というものでした。この規則による救済人数は、大正時代は一万人以下、昭和に入ってからは一万人から一万八〇〇〇人に増えています。

しかし、これではいかにも不充分として、一九二九年（昭和四年）に全面的に変わって「救護法」ができます。救護の対象は生活不能者のうち、六五歳以上の高齢者、一三歳以下の孤児、妊産婦、障害・疾病（しっぺい）傷痍により労働不能の人たちでした。ただし、これらに当てはまる者でも、扶養義務者が扶養能力を持つ場合には、その者に扶養させました。ただ実際には、扶養義務者がいると、たとえその者に扶養能力がなくても救護はされませんでした。また一三歳から六四歳までの健常者は決して対象にはなりませんでした。

折からの昭和大恐慌で緊縮財政のため実施は一九三二年（昭和七年）にずれ込み、競馬の馬券売上の二％を充てることにして、同年度には一五万人、翌年度からは二〇万人以上の救済を行なったものの、たとえば在宅救済の場合には一人一日二五銭以内と、少ない額でした。それだと、たとえ一カ月分満額貰っても七円五〇銭（＊一万五〇〇〇円）にしかなりません。

もっとも一九三三年（昭和八年）当時、東京下町で最低ランクの長屋の家賃がおよそ月四円（＊八〇〇〇円）、もりそば一杯一〇銭（＊二〇〇円）、アンパン五銭（＊一〇〇円）、そして米の値段は一〇キロで約二円（＊四〇〇〇円）でしたから、一日二五銭（＊五〇〇円）満額なら四人家族で一カ月三〇円（＊六万円）です。最低限生きられなくもない金額といえます。

実際の申請者は少なかったものの、いったんこうした公的扶助がはじまれば、それまでの「人民の相互の情誼（助け合い精神）」が薄れる、と嘆いた人もいました（孤児院や養老院への一般からの寄付が激減した）。

貧しい時代には申請者が少なく、豊かな時代には多い（現在は二〇〇万人以上が生活保護費を受給）というのはどういうわけでしょう。

健康保険証があっても提示しなかったわけ

健康保険の制度ができたのも、思ったより時代をさかのぼります。一九二二年（大正一一年）に健康保険法が公布され、一九二六年（大正一五年）から施行されています。被保険者は限られていて、工場法、鉱業法適用事務所の常雇い労働者と年収一二〇〇円（＊二四〇万円）以下の職員が強制加入、動力業、土建業、交通運輸業は任意加入としました。このため加入者は当初、総労働者四七〇万人中、一八〇万人（約三八％）に止まりました。保険料は事業主と被保険者の折半で、これは現在でも同じです。診察費は本人五割負担（現在は三割負担）でした。

しかし従来、工場法により業務上の労働災害は全額事業主の負担だったものが、保険料半額負担になったということで、「健康保険ストライキ」も起きています。さらに、医師側の保険診察者に対する粗診、粗療に対する不満も噴出しました。「昔は、医は算術ではなく仁術だった」といわれるのも、かなりマユツバものかもしれません。診療報酬は「自由」とされていた時代、保険診療では診療の手間や薬代に関わりなく「一人一件いくら」と決まっていたので、「保険診察者を丁寧に診察すると損である」と医師は考えたのです。「仁術」というのは、大正時代の統計では町医者は二〇％くらいの低所得者からは診療代を取っていなかった（金持ちは多く払う）、という事実によります。

もう一つ、いかにも戦前らしい「恥」の問題もありました。

次項でも述べますが、一九二六年（大正一五年）から一九三八年（昭和一三年）まで、課税最低限の収入は一二〇〇円（＊二四〇万円）で、それ以下は無税でした。たとえば、月収八〇円（＊一六万円）というのなら、当時では上位に入る収入（＊年収一九二万円）で、まったく恥じることはありません。ところが、そういう人でも、健康保険の適用を受けているということは一二〇〇円以下の収入であるか、労働者であるということがわかってしまうため、わざと窓口で保険証を提示しない人も多かったといいます。

現在に続く厚生年金保険がはじまったのは、日米開戦直前の一九四一年（昭和一六年）のことです。「労働者年金保険」としてはじまり、常時一〇人以上の労働者のいる工場、鉱山、交通運輸などの事業所の「肉体労働者」が強制加入しました。年を取って貰える老齢年金は加入期間二〇年、支給開始は五五歳と、いまよりもかなり早く、支給額は平均標準月額の三カ月分ですから、いまよりもずっと少ないものでした。

これが、現在の「厚生年金保険」と改称されたのは一九四四年（昭和一九年）のことです。もちろん、これは戦争と深い関係があります。戦時下、軍需産業をはじめとする各産業の労働者の士気を高めるため、老後の生活にいくらか役に立つという年金制度をエサにする必要があったのです。被保険者を事務職員、女子、五人以上の事務所にまで拡大した結果、被保険者を大幅に増やし、保険料収入が激増します。その激増した積立金は軍需産業などに貸付、運用されました。

軍艦も大砲も酒税でつくった

戦前にあっては国の税収のトップは酒税であったと知ったら、きっと驚かれるはずです。一九三五年（昭和一〇年）頃までは税収の約三分の一が酒税でした。

もともと、一八七三年（明治六年）の地租改正から一八九八年（明治三一年）まで、税収のトップを占めていたのは地租でした。律令時代からある租税制度「租庸調（そようちょう）」の租（田の収穫量の一部を国に納める）にあたる、歴史的な税金です。当初は国の租税収入の九割を占めていましたが、一八九六年（明治二九年）にはこれが五〇％を下回ります。

そして一八九九年（明治三二年）、地租に代わりトップに躍り出たのが酒税です。一九〇二年（明治三五年）には実に四三％にものぼり、一九三六年（昭和一一年）までその座を譲りませんでした。つまり酒税なくしては軍艦も大砲もつくれないという構造になっていたのです（その名残りで現在でも日本の酒税率は世界最高水準）。ですから一九〇四年（明治三七年）から一九〇五年（明治三八年）にかけての日露戦争は、酒税で戦ったことになります。ちなみに二〇一四年（平成二六年）度ではその割合は全税収のわずか二・八％です。

昭和前期の清酒一升の小売り価格は約二円（＊四〇〇〇円。生活水準や物価水準を考えてもいまよりも格段に高い）、そのうち酒税が四五銭（＊九〇〇円）でした。四五銭あれば米が二キロ近く買えました。この時代の人々が酒を呑むことで納税した気分になっていたという意味がよくわかります。

では直接税すなわち個人所得に対する税金はどうだったのでしょうか。結論からいえば、いまとは比較にならないくらい安いものでした。

もっとも一九三五年（昭和一〇年）頃、大半の人が貧乏で、税金を払っていたのは国民のわずか五％しかいませんでしたから、国としても、個人への課税はさほど重要視していなかったのかもしれません。このわずか五％の国民が払っていた勤労所得税も、やがて戦争に翻弄されていきます。

一九二六年（大正一五年）に所得税法の改正があり、これが一九三七年（昭和一二年）からはじまる戦時の大増税時代前まで続きます。

その平時の税法によると、まず課税最低限が年収一二〇〇円（＊二四〇万円）で、これ以下は無税です。一九三六年（昭和一一年）の平均所得が年収約九〇〇円（＊一八〇万円）で、一部の「持てる者」と大半の「持たざる者」に分かれていた時代ですから、一二〇〇円はかなり上位です。いま、国民の平均年収は四八〇万円ほどで、課税最低限は夫婦子供二人の場合で三二五万円。比較するまでもなく、いまの課税最低限はかなり低いところに設定されています。

さらに、三〇〇〇円（＊六〇〇万円）以下なら、一人につき一〇〇円（＊二〇万円）の扶養家族控除がありました。あるいは、六〇〇〇円（＊一二〇〇万円）未満なら二〇％、六〇〇〇円以上なら一〇％の勤労所得控除もついていました。とにかく、政府は個人所得税をあまり取りたくなかったようです。

低所得者が多く、また、このように課税最低限が国民の平均年収よりかなり上だったせいで、所得税を納める者は五％と極端に少ないものだったのです。当時、「税金を納める身分になった」といったり、所得税を納めるのを「名誉」に思う人が多かったというのも、納得できる話です。それなりに稼いでいた人にとっては、低負担低福祉時代は、かえっていい時代だったのかもしれません。

一方、最高税率が適用されるのは四〇〇万円超の場合で、いまの貨幣価値なら八〇億円という、「果たしてそんな人が日本にいただろうか？」と思うくらいの収入で、税率は三六％でした。とにかく、総理大臣でも年俸一万円（＊二〇〇〇万円）程度の時代です。四〇〇万円という設定そのものが信じられません。

一九三五年（昭和一〇年）前後、年収六三七五円（＊一二七五万円）の官庁課長クラス（書記官一級、扶養家族三人）の場合、それでも所得税は約三％で、年額一七六円六〇銭（＊三五万三二〇〇円）という安さでした。吉原で一晩泊まりで豪勢に遊んでも一五円（＊三万円）という時代の収入であることを考えると、やはり、この時代に稼いでいた者は、二号さんくらい楽に囲えたわけです（実際そうだった）。

しかし、この「勤労所得者天国」も、一九三七年（昭和一二年）の日中戦争勃発以降の戦時になると様相を一変させます。先ほどの、一七六円六〇銭（＊三五万三二〇〇円）の税金だった課長さんは、終戦時には九三八円（＊一九六万六〇〇〇円）にまで増税されています。

非常事態ということで増税されたわけですが、戦後も税率は高止まりのままでしたから、税金に関しては、長い間、戦時体制が続いていたという見方もできます。

産業統制は世界恐慌からはじまった

日本で一番はじめに登場した産業統制は一九一九年（大正八年）の「軍需工業動員法」で、実際には発動されませんでしたが、これは、一九一四年（大正三年）にはじまった第一次世界大戦用に準備した産業統制でした。その後、一九二七年（昭和二年）には「資源調査法」ができ、政府は物的人的資源調査のためなら民間人に報告義務を課し、必要な場所に立ち入り検査を行なえるようにしました。

こうした産業統制が本格化するのは一九二九年（昭和四年）の世界恐慌のときからで、一九三一年（昭和六年）の「重要産業統制法」が本格化の第一歩です。

この法律の公布は、満洲事変勃発前の平時でのことです。綿紡、絹紡（けんぼう）、洋紙、板紙、カーバイト、晒粉、硫酸、硬化油、小麦、合金鉄、鋼板、製糖、揮発油、ビール、石炭などの、当時の日本の主要産業が網羅され、カルテルを結ばせるようにしました。

つまり、国家による「強制カルテル体制」です。協定違反者や非加盟者はカルテルに従うように命じられました。この法律による違反はただ一件だけでしたから、各社、素直にいうことを聞いたようです。時限立法でしたが、各産業団体が存続を希望したため、一九四一年（昭和一六年）まで存在しました。自ら希望したということは、既成業者にはよほど「うまみ」があったのでしょう。

一九三四年（昭和九年）には輸入統制立法が行なわれ、特定商品の関税引き上げ、輸入禁止制限ができるようになります。こうしてだんだんと人々の生活が不自由になっていきますが、世界恐慌時には米英でも国家による経済への強力な干渉が行なわれていましたから、日本だけが特別だったわけではありません。

一九三七年（昭和一二年）になると「貿易調整法」ができ、国家に輸出入の制限及び禁止の権限が与えられ、輸出入品の生産加工業者に対しても統制が加えられるようになります。当初は国際収支の安定と貿易の振興を目的にしましたが、日中戦争がはじまるや、戦争経済の円滑な遂行を図るためのものになります。

日中戦争以降、続々と特定事業を対象とした事業法ができます。

一九三七年（昭和一二年）、「石油製造事業法」「製鉄事業法」。

一九三八年（昭和一三年）、「工作機械製造事業法」「航空機製造事業法」。
一九三九年（昭和一四年）、「造船事業法」「軽金属製造事業法」。
一九四〇年（昭和一五年）、「有機合成事業法」。

これらの事業法に共通しているのが、大規模な事業所への許可制、外国人支配の排除、許可会社に対する免税・奨励金・強制償却・社債発行の特例、軍事上公益上の特別負担、損失補償などです。この結果、中小企業の淘汰と、巨大企業への生産と資本の集中が促進されることになりました。

そのような中、一九三八年（昭和一三年）に近衛内閣が議会に提出し、制定されたのが、最大最強の産業統制である「国家総動員法」です。

この第一条には、「戦時に際し国防目的達成のため国の全力を最も有効に発揮させるように人的及び物的資源を統制運用する」とあります。

訪米し各地で親善に努める近衛文麿公爵（右は留学中の長男・文隆）

「総動員物資」とは兵器、艦船、被服、飲食物、医薬品、輸送用機器、通信材料、土木建築用物資、燃料、電力など。

「総動員業務」とは生産、修理、配給、保管、輸送、通信、金融、衛生、教育訓練、試験研究、宣伝整備など。

「帝国臣民を徴用して総動員業務に従事させる」「物資の生産、修理、配給、使用について命令し得る」「輸出入を制限禁止し得る」「価格に関し命令し得る」としたのですが、具体的には何も書かれていません。「その時々で勅令を出そう」ということです。これに違反すると三年の懲役、または五〇〇〇円の罰金ですからいまなら一〇〇〇万円——いうことを聞かざるを得ません。

明治憲法においては、臣民の権利・自由・財産は法律によらなければ奪えないと規定しているのに、法律自体に内容を示さず、勅令によって奪えるとしたことは、明らかに憲法に違反していました。この法案が議会に提出されると、さすがに紛糾しましたが、結局、無修正で通ってしまいました。すでに政党は軍部や官僚を制御する力を失っていたのです（委員会でこの法案の趣旨説明を行なった佐藤賢了陸軍中佐は議員のヤジに対して「黙れ！」と恫喝）。

以後、この法律を背景とする数十にのぼる勅令が出されます。「電力調整令」「小作料統制令」「青少年雇入制限令」等々。「地代家賃統制令」などは驚くべきことに一九八六年（昭和六一年）まで存在していました。

一九四一年（昭和一六年）にはさらにこの体制強化のために大改正がなされます。政府指定の会社などに対して国民が協力すること、一般物資も統制できること、事業そのものについて命令できることなど、エスカレートは止まりません。この改正後にも「臨時製塩地等管理令」「木材・薪炭（しんたん）生産令」など数十の勅令が出されます。

違反した場合は最高一〇年の懲役、五万円の罰金です。いまなら一億円相当の罰金ですから、抵抗のしようもありません。

一九四五年（昭和二〇年）六月には、さらに踏み込んだ「戦時緊急措置法」ができます。「政府はほかの法律の規定にかかわらず、軍需生産、食糧生活物資の確保、防衛の強化、税制の適正化、戦災の善後措置に関して臨機に必要な命令と処分ができる」というものです。省令、府県知事の命令、行政機関の示達によってでも、法律や勅令とは異なることができるというものです。

つまり、これは行政機関に無制限に権限を与えたものでした。ただ、敗戦直前のどさくさのことでしたし、すでに強力な国家総動員法がありましたから、誰も驚かず、注目もされなかった法律でした。

その国家総動員法による産業統制のメカニズムはこうです。

はじめに軍需充足の要請があり、限られた資金を優先的に割り当てる必要が起こり、「資金統制」が必要になります。次に、軍需品製造のために必要な輸入を確保するため「輸入統制」も必要です。

軍事優先に物資を回すには「物資動員計画」が必要で、民間に必要な物資を制限すると物価が上がるため「物価統制」も必要になります。

さらに「配給統制機構、統制会社、統制会」などが必要になり、こういうところは官庁の外郭団体か、天下り先になります。そして、生産維持のためには「労務動員、国民徴用」が必要です。「国家総動員法」には、もちろんこのすべてが網羅されていました。

こういった産業統制が成功するかどうかは、すべて国民の辛抱にかかっています。食糧、衣料をはじめ、あらゆる物資において消費が制限され、「欲しがりません勝つまでは」と、ひたすら耐える戦前の日本国民だったからこその政策といえるでしょう。

米の配給制度を含む強力な統制によって低レベルとはいえ平等社会になり、統制経済に伴う人手不足によって完全雇用社会になり、戦前の代名詞ともいえる「貧富の差と失業」が、この強力な軍需最優先の法によって、少しはなくなったのは、皮肉としかいいようがありません。

第四章　教育制度

教育勅語——天皇に尽くすための道徳教育

明治政府が行なった教育政策は、そのほとんどが欧米を見習ったものですが、日本にしかない独特のものがありました。それが「教育ニ関スル勅語」、現在、一般に「教育勅語」と呼ばれているものです。これが発布されたのは一八九〇年（明治二三年）、前年には大日本帝国憲法が公布されています。

新政府は「欧米に追いつけ追い越せ」をモットーに掲げ、あらゆる面で欧米、とくにヨーロッパの先進国を手本にしました。そのために、社会全体に西欧化の気風が強まりました。たとえば「立身出世主義」なども、欧米流の個人主義の影響を受けています。一八八五年（明治一八年）に「小学校唱歌」に採用された「仰げば尊し」には、「身をたて、名をあげ、やよ、はげめよ」という一節もあり、立身出世は大きな社会風潮になっていたことがうかがえます。

やがてそんな風潮、つまりは若者の「西洋かぶれ」を危惧する声が、政府首脳陣から出てきました。科学や技術の欧風化は進めても、精神まで欧風化しては困る、というわけです。日本人古来の美徳をもっと徹底して学校で教えるにはどうしたらいいのか。修身（教科目の一つ、国民道徳の実践を目的としたもの。敗戦後廃止）だけでは物足りない……。そこで「修身で教える道徳の基幹になる大綱を、天皇ご自身のお言葉で普及させよう」ということになりました。

それがいったいどんなものなのか、「朕惟(オモ)フニ……」ではじまる教育勅語を意訳すると、こんな具合です。

——私（明治天皇）の祖先が国をはじめたのは、遥か遠い昔のことで、以来、深く厚い徳をこの国に築いてきた。わが臣民は心を一つにして、忠孝の道に励み、代々にわたって、その美風をもたらしてきた。教育の根本も、まさにここにある——。

このあとに「臣民」としての徳目がいろいろ挙げられていますが、それは天皇の祖先が遺した教訓であり、その道を守ることが臣民の努めである、とされたのです。

教育勅語用の「金庫室」

この教育勅語は、開明派の法学者で、当時の内閣法制局長官だった井上毅（こわし）が中心になって、儒学者で天皇側近の元田永孚（ながさね）の意見も聞きながら起草したといわれています。井上は「政治家の勧告は無視する」「宗教には偏しない」「哲学上の論理は避ける」などの点に留意したようですが、当然のことながら、お偉方からいろいろと注文が出ました。

研究によれば、「臣民克（ヨ）ク忠ニ克ク孝ニ」は明治天皇の意向と見られます。「常ニ国憲ヲ重シ国法ニ遵（シタガ）ヒ」は立憲主義者の伊藤博文の注文。「一旦緩急アレハ義勇公ニ奉シ」——危急存亡のときは天皇のために勇敢に戦え、というような意味ですが、これは陸軍の大ボス・山県有朋の注文と見られるそうです。山県は「天皇のための軍隊」を明文化した、一八八二年（明治一五年）発布の「軍人勅諭」作成の推進者でもありました。

「兄弟（ケイテイ）ニ友ニ夫婦相和シ朋友相信シ」など、誰も否定しようもない徳目も出てきます。また、日本の近代教育の一大特長というべき実業教育の振興にはまったく触れず、次元の異なる精神論に終始しています。小学校唱歌にも歌われている立身出世主義にしても、勅語の主旨とは正反対のものです。現在から見ると、これらはなんとも不可思議なことです。

「教育勅語」の写しは「御真影」（天皇・皇后の写真）とともに全国の小中学校に配布されました。より正確には、宮内省から貸与されました（発布当時の官立学校には写しでなく、明治天皇の署名のある手書きの勅語が交付された。御名御璽（ぎょめいぎょじ）ではなく「睦仁（むつひと）」という明治天皇の名前の実際の署名と赤い天皇御璽が捺されていた）。

　この保管が、また大変でした。なにしろ畏れ多いものですから、校長室の机にポンと置いておくわけにはいきません。特別な安置室をつくり、柵で囲ったりしました。

　一番怖いのは火事です。火事で勅語と御真影が焼失し、責任を感じた校長が自殺した、という事件も起こりました。そのため昭和に入ってからですが、校庭の一隅に「奉安殿」と称する金庫室のようなものをつくり、そこに勅語と御真影を安置する学校が増えました。厳しく実行されたわけではありませんが、小学校では登下校の際、校門から御真影のある方角に向かって礼をするのが決まりになっていました。

　教育勅語は、紀元節（建国記念日）、天長節（天皇誕生日）、明治節（明治天皇誕生日）の式典

で、校長がおごそかに奉読しました。昭和一ケタ（一九二六～一九三四年）生まれが最後の世代ですが、その光景に接した人は、いまでもはっきり記憶に残っているようです。

生徒は、講堂や体育館に整列します。壇の奥には御真影が置かれています。白手袋をはめた校長がうやうやしく壇の前に進み、桐の箱の中にある勅語を手にして、後ずさりし、やおら奉読をはじめます。勅語が置かれている三方（さんぼう）（神仏や貴人に供物を奉る台）を教頭が校長に手渡すやり方の学校もありましたが、だいたい手順は似たようなものでした。そのひと動作ごとに、全校生徒ともども、全員が何回も最敬礼を繰り返します。

このような儀式も、天皇を「現人神（あらひとがみ）」（人の姿をした神）として奉った戦前においては当然のことだったのです。

暗誦はできても意味はちんぷんかんぷん

修身の時間は、月曜日の第一時間目と決まっていました。学校によって違いはありましたが、通常は、小学校の四年あたりから毎朝、修身の時間に、教科書の巻頭にある教育勅語を読まされました。暗誦を厳命する先生も多かったのですが、毎週毎週、声に出して読んでいれば、字数にしてわずか八〇〇字ほどですから、自然に暗誦できるようになります。

しかし、やたら難解な漢字を使っているので意味はちんぷんかんぷんでした。たとえば「世世厥ノ美ヲ……」の「厥」など、普通の人は一生お目にかかれない漢字です。ところが、ほとんどの先生が生徒に読ませるだけ読ませて、字句の解釈はしませんでした。なにぶん天皇陛下のお言葉ですから畏れ多くて、うっかりしたことはいえないわけです。先生も教育勅語には深入りしなかったというのが実情でした。

勅語の最後には「御名御璽」とありました。御名とは明治天皇の署名すなわち「睦仁」であり、御璽とは天皇の印で、これが捺してありました。ところが、小学生はそんなことは知りません。式典で校長が読んでいる間はずっと頭を下げていて、「ギョメイギョジ」でもう一度最敬礼してから頭を上げます。そこで、「ギョメイギョジ」は「もう頭を上げていい」という意味だと思っていた生徒もいました。一八九一年（明治二四年）、第一高等中学校（現東大教養学部）の教育勅語奉読式において教員の内村鑑三が「ギョメイギョジ」の際に、最敬礼を行なわなかった（軽く頭を下げただけ）ために生徒や父兄たちが騒ぎ出し、内村は退職させられました。

軍国主義が暴走をはじめた一九三五年（昭和一〇年）頃から教育勅語をむやみに尊重する風潮が強まりましたが、勅語に謳われた徳目が国民に浸透していたとも思えません。その当時の記憶が過大評価されて、戦後、批判の対象になったという一面もあります。

教育勅語は一九四八年（昭和二三年）、国会で廃止が決議されましたが、実質上は敗戦と同時に無に帰したといえます。現在でも教育勅語について肯定的立場を取る人と、否定的立場を取る人が対立していますが、前者は勅語に盛られている個々の徳目を信奉し、後者は勅語の全体観を批判しているので、議論はまったく噛み合っていません。なお勅語には一字だけ誤りがあるという説があります。それは「一旦緩急アレハ義勇公ニ奉シ」の「アレハ」は「アラハ」ではないかという説です。ここに全文を掲げておきましょう。

朕惟フニ我カ皇祖皇宗国ヲ肇ムルコト宏遠ニ徳ヲ樹ツルコト深厚ナリ我カ臣民克ク忠ニ克ク孝ニ億兆心ヲ一ニシテ世世厥ノ美ヲ済セルハ此レ我カ国体ノ精華ニシテ教育ノ淵源亦実ニ此ニ存ス爾臣民父母ニ孝ニ兄弟ニ友ニ夫婦相和シ朋友相信シ恭倹己レヲ持シ博愛衆ニ及ホシ学ヲ修メ業ヲ習ヒ以テ智能ヲ啓発シ徳器ヲ成就シ進テ公益ヲ広メ世務ヲ開キ常ニ国憲ヲ重シ国法ニ遵ヒ一旦緩急アレハ義勇公ニ奉シ以テ天壌無窮ノ皇運ヲ扶翼スヘシ是ノ如キハ独リ朕カ忠良ノ臣民タルノミナラス又以テ爾祖先ノ遺風ヲ顕彰スルニ足ラン

斯ノ道ハ実ニ我カ皇祖皇宗ノ遺訓ニシテ子孫臣民ノ倶ニ遵守スヘキ所之ヲ古今ニ通シテ謬ラス之ヲ中外ニ施シテ悖ラス朕爾臣民ト倶ニ拳拳服膺シテ咸其徳ヲ一ニセンコトヲ庶幾フ

明治二十三年十月三十日

御名御璽

義務教育は小学校六年まで

小学校六年生までの義務教育が制度化されたのは一九〇七年（明治四〇年）です。尋常小学校が六年制と定められ、翌年から実施されました。

一八七二年（明治五年）に「学制」が公布されましたが、その大方針の一つが「国民皆学」でした。これは、教育を受けるのは国民の権利ではなく義務であるという考え方から発しています。子供を尋常小学校に入学させる義務を親に負わせるという、つまり就学強制です。また市町村には尋常小学校を設置する義務を負わせました。

しかし一八八二年（明治一五年）頃には、就学率は三〇％程度に低迷していました。就学を督促されても応じない親が多かったのです。とくに農村では「学校へ行っても農業の足しにならない」との強い反発がありました。学校なんて邪魔だとばかり、全国で一八〇件近くも小学校の打ち壊し、焼き打ち事件が起こっています。

ところが一九〇七年（明治四〇年）に義務教育が尋常小学校六年までと法律で定められてからは、就学率も向上しました。教育そのものへの理解が普及したこともありますが、一九二〇年（大正九年）には、就学率は九九％に達し、世界最高水準を示しました。これは文部当局の努力によるものであり、世界に冠たる成果であることは確かです。

「小卒浪人」もいた高等小学校

尋常小学校の兄貴分といえるのが高等小学校です。原則は二年制で、市町村の任意設置でしたが、地方の大方の町、村では尋常小学校と併置されていました。満六歳から高等小学校二年卒業までの八年が「学齢」と定められましたが、高等小学校は義務教育ではないため、授業料を払わなければなりませんでした。

高等小学校はあくまでも「初等教育校の延長」と位置づけられていました。授業には手工、実業、家事（女子のみ）が加わっていますが、英語や漢文などはありませんでした。

高等小学校を出ると、農家の子供なら、家業を手伝うのが普通でした。しかしそこから師範学校、実業学校などに進む道もあるという、実社会に沿った環境だったといえます。また高等小学校は「小卒浪人」の受験予備校の役目も果たしていました。地方では中学校の数が少なく、滑り止めの学校などなかったので、中学の試験に落ちるとやむなく高等小学校に進学したのです。

一九三九年（昭和一四年）には、中等学校に進学しない男女に、青年学校への就学義務制が実施され、親権者、雇用者は就学させる義務を課せられました。一九四一年（昭和一六年）には従来の小学校を「国民学校」に改称しましたが、教科目が変わったくらいで、実質上の変革はありませんでした。

いつも腹を空かせていた集団疎開

「疎開」——いまではほとんど死語に近い言葉ですが、辞書には「空襲や災害から逃れるため、都市の住民が地方へ移り住むこと」とあります。サイパン島が陥落したのが一九四四年（昭和一九年）七月。本土空襲が予想され、東京などの大都市では、政府の勧告もあって、疎開をする家庭が増えました。

地方の実家や親戚を頼った「縁故疎開」ができない小学校一～六年の児童は「集団疎開」をしました。「学童疎開」ともいいます。見ず知らずの土地で、一泊や二泊ではない長期の集団生活を強いられたのです。いまの八〇歳前後の人たちにとっては、小学生時代の忘れ得ぬ体験だったに違いありません。

疎開先の宿舎は小学校の分教場だったり、お寺だったりとまちまちですが、問題は食べ物です。この頃にはすでに食糧難がはじまっていました。農村には食べ物があるといっても、配給制度に変わりはありません。疎開児童は「よそもの」扱いされ、親元を離れているぶん、余計にひもじい思いをしたわけです。たいていの人が「いつも腹を空かしていたという思い出しかない」といいます。

なんとか子供らの腹を満たしてやりたい、と農家に頭を下げて回った先生もいました。逆に、子供らの配給分の上前をはねて、教員たちだけ腹いっぱい食べていた、というひどい話もあります。

こんな話も聞いたことがあります。

「すぐ近くに慶応が、やはり集団疎開で来ていた。そちらはトラックで食い物を運んでくる。こっちは毎日イモばっかり、頭にきたから、そいつらを見かけると、因縁をつけて喧嘩をふっかけ、ぶん殴ってやった」

一九四五年（昭和二〇年）三月一〇日の大空襲にはじまり、東京はたびたび米軍の爆撃機Ｂ29の焼夷弾を浴びて、焼け野原と化しました。空襲による延焼を防ぐため、強制的に取り壊された家もありました（強制疎開）。ですから、戦争が終わり、ようやく東京に帰ってきても、住む家はありませんでした。親を亡くした子供も大勢いました。学校も焼けてしまいました。ロクな授業を受けられず、卒業式もないまま卒業した人が、この世代にはたくさんいるのです。

「中学生」はエリートだった

小学校を卒業して進学する中等学校には、中学校、高等女学校、実業学校などのコースがありました。

一九三六年（昭和一一年）、小学校卒業生で、中等学校進学者は二一％、高等小学校進学者は六六％、残りの一三％の中には、まったく学業を放棄した人、家業を手伝いながら、あるいは住み込みで働きながら夜間の学校に通った人が含まれています。

同じ中等学校でも、中学校だけに出世コースが開かれていました。「大学」や「小学」という名は中国の古典から取られたと思われますが、「中学」は単に大と小の中間という意味だけではありません。一八八一年（明治一四年）の中学校教則大綱に、「中学校ハ……中人以上ノ業務ニ就クガ為メ」と明記されていて、中産階級の養成機関と意識され、「中学」の名にその意を秘めていたのです。

中学校は、一八九九年（明治三二年）の中学校令でほぼ戦前のかたちができたのですが、そこには「男子ニ須要ナル高等普通教育ヲ為スヲ以テ目的トス」と謳われています。つまり、中学生はすでにして「エリート」なのです。

中学校は五年制で、さらに上級の高等教育を受けるための必修コースでした。先の進学まで考えればお金もかかるので、親にかなりの経済力がないと、息子を中学校に進学させるのは無理でした。

その一方で、「中学卒」の肩書が重用される社会もありました。農村の地主や大きな商家などは跡取り息子にハクをつけさせるために中学校に進学させました。将来「旦那」になるには中学くらいは出なくては、というわけです。

たまたまその息子が飛びきりの秀才だったりすると、さらに進学させます。本来なら「旦那」になるはずの息子が「立身出世」を地でいって、大将や大臣になった例も少なくありませんでした。もちろん、中学に進学するには親の経済力だけでなく、本人のやる気と体力も必要でした。

明治、大正時代、交通機関に恵まれない農村からは、とにかく歩いて通学するしかありません。学校までの一〇キロの山道を、五年間、休まず、雨の日も風の日も歩いて通った中学生は珍しくありませんでした。学校の近くに下宿させる甘い親もいましたが、当時は「若いうちの苦労は買ってでもしろ」という気風が強かったのです。

高等女学校を出れば、いい縁談が来た

「高等女学校」という名称は一八八二年（明治一五年）頃に現われていますが、制度として確立されたのは一九二〇年（大正九年）ですから、「男子の中学校」より二〇年ばかり遅れたことになります。その改正令にはやはり「女子ニ須要ナ高等普通教育ヲ為ス」とあります。それ以前の女学校は、必ずしも中学校と同等の中等教育機関として認められていませんでしたので、あえて「高等」と冠したと思われます。

確かに、高等は高等でした。明治といわず昭和に入ってからも、農村の小学校で女学校に進学するのは、ほとんどが地主階級の家庭の「お嬢さん」たちでした。

しかし、女学校から上の進学コースは、ごく限られていました。また、職業婦人になる道も非常に狭いものでした。ただ給金を貰うだけなら、むしろ高等小学校出のほうが、働き口は多かったくらいです。

いまでもそうですが、戦前の日本の親も、そのほとんどが、何より娘の結婚を願っていました。「結婚することが女の幸せである」というわけです。そのためには、いい縁談が来てほしい。女学校を出ていればそれ相応の縁談に恵まれるだろう、と期待したのです。

ですから娘には、学校の成績の良し悪しより、まず品行方正を望みました。そして無事に卒業して結婚してくれれば、親は満足したのです。

高等女学校は通常、四年制ですが、名門校と目されている学校には五年制もありました。また「よき主婦」になることを前提に、家計や衣食などの家政を主にした実科高等女学校もありました。

男女交際を禁じた別学主義

明治以来、日本の教育制度は「男女別学主義」を採ってきました。これが一九四五年(昭和二〇年)の敗戦まで、徹底して守られたのです。

前にも述べましたが、その源(みなもと)は儒学の『礼記』にある「男女七歳にして席を同じうせず」に発しているようです。「男と女は寄り添ってはいけない」といっています。

儒学の教祖である孔子の『論語』には、「女子と小人とは養いがたし」とあります。「小人」は徳のない男、「養いがたし」は扱いにくい、といった意味です。前述したように「教育勅語」にも儒学の思想が入り込んでいるのですから、男女別学主義は、明らかに「男優先主義」の表われと見ていいでしょう。

小学校の男女共学は認められていたのですが、都市部ではたいてい三年生から男女別クラスを編成しました。人口の少ない農村などでは一学年一クラスしかないので、男女共学のままでしたが、教室の机の配置は男女別に分かれていました。

中等教育からは、はっきり男女別学になります。当然、中学生と女学生の交際は、校則にないまでも厳禁です。女学生にラブレターを出したのがバレたら担任から大目玉を喰い、通りを手を繋いで歩こうものなら警官にぶん殴られました。戦時中は社会全体が「お国のため」一色になり、男女交際は「非国民」の所業と見なされました。

しかし、それでもナンパする学生がいました。地方では鉄道が通学の主要な交通機関でしたが、中学生が乗る車両と女学生が乗る車両を分ける、不文律のようなものもありました。いわゆる「軟派」の中学生は、境目の車両の昇降口あたりをブラブラして、やってくる女学生にさりげなく声をかけます。ひと声でも応答があったら、当時は、それだけでも大戦果だったのです。

なお、中等学校より上では、学校は男女別学というだけでなく、進学のコースに大きな差がありました。

ヨーロッパと似て非なる戦前日本の学校制度

実は戦前のわが国の学校制度は義務教育修了の段階から極めて複雑で、互いに進学経路に連絡のないことが多かったのです。もともとこの制度はヨーロッパで発達したもので、庶民のための学校と貴族上流階級のための学校とが並列していて互いに関係がないため「複線型学校制度」と呼ばれました。この反対がアメリカ（戦後の日本も）のように初等教育から大学までが単純に連絡している「単線型」の学校制度です。

ただ、当時のわが国の学校制度はヨーロッパ（王制）や江戸時代の藩校及び寺子屋のような身分や階級によって入学すべき学校が決まるのではなく、当人の意思・能力と親の経済力とによって決まるシステムでした。しかし実際には、篤志家や名望家の後援（書生や住み込み）により金銭的な問題を乗り越える例も少なくなく、中学校・高等学校という正統コースを経ないで大学に入ることは可能であり、当然ながら女子で大学を目指す人もいました。

私塾のようなものを除き、一定の規模を備え、または法定の課程による教育を行なう学校は国家に属するものと位置づけ、国立や地方公共団体設立以外の私立も国家の援護を受けました。さらに、陸軍士官学校や海軍兵学校や師範学校には授業料がなく、それればかりか手当てすらつきました。

就学義務は内地に住む内地住民に適用されるのみならず内地で暮らす朝鮮人、台湾人、南洋人にも当然及びました（実際は就学の申し込みがあれば断わらないという程度で、積極的に義務を課したわけではない）。

早く就職するなら「実業学校」

実業教育の振興は明治以来、教育行政の大きな柱でした。中学から上級コースに行かない生徒のために設けられたのが、実業学校です。

一八九九年（明治三二年）の実業学校令でその制度は確立しました。実業の種類も工業学校、農業学校、商業学校、商船学校、水産学校など多岐にわたります。それ以外にも裁縫、手芸、割烹、写真、簿記、通信などを教える職業学校がありました。

実業学校は、すぐその道に役立つ知識、技能を教えることを目的にしていました。修了年限は、尋常小学校卒業なら五年、高等小学校卒業なら三年。それより年限の少ない学校もありましたが、尋常小学校卒のコースが主流でした。

教育内容は、実業科目が三分の一を占め、残りの三分の二は中学校と同じ普通科目で、数学、外国語（英語）の時間数は中学校と変わりませんでした。

農業（農林）学校、商業学校は、やがて家業に従事する生徒が大半を占めていました。たとえば商業学校では流通、金融の基礎知識からソロバンまで教えたので、商店主にすれば、息子を通わせる気になったのです。

しかし当時の風潮として（いまでもその傾向は残っているが）、修了年限は同じ五年でも、実業学校は中学校より格下と見られていました。

立志伝中の人物も出た「夜間中学」

実業学校と同種のものに、実業補習学校がありました。これは一種の教育救済機関といってもいいでしょう。すでに住み込み店員などで働いている、尋常小学校卒業者に対する補習教育機関ですが、中等教育機関とはされていませんでした。

前期課程が二年で、その修了者及び高等小学校卒業者に後期三年の授業がありました。通常は小学校に併設され、ほとんどが夜間授業でした。授業は一週間に六～八時間でしたが、公民教育に重点を置いたので「公民学校」とも呼ばれました。教科の種類は実業学校と同様に農業、工業、商業、水産、裁縫などがありました。これは、のちに青年学校になりました。

同じような教育機関に、夜間中学校というものもありました。通常、中学校に併設されていましたが、正式な中学校とは認められていませんでした。中学校に類する各種学校と見なされ、一九三二年（昭和七年）にようやく専門学校入学資格を認められました。

実業補習学校、夜間中学校、さらには私立の各種学校が、働く人たちに教育の場を提供したことには注目する必要があります。教育のレベルは低くても、そこに人生の希望を繋ぐ生徒もいたのです。それをバネにして、努力と才覚で世に出た立志伝中の人物も少なくありません。「今太閤（いまたいこう）」といわれた田中角栄元首相などはその典型でしょう。学歴は高等小学校卒です。新潟から上京して職業を転々としながら夜間の学校に通い、一級建築士の免許を取得しています。そこから、立身出世の道が開けたわけです。もっともその才能は、まったく違う世界で発揮されることになったのですが……。

誰もが憧れたエリート養成機関「高等学校」

同じ三年制でも、「高等学校」という呼称は、戦前と現在とではまったく違う響きを持っています。

戦前の高等学校（いわゆる旧制高校）は高等普通教育を完成することを目的としましたが、帝国大学に進学するための予科コースの役割を果たしていました。いわば「エリートコースの登竜門」だったのです。当然、受験は難関でしたが、高等学校は、それ以上に注目を浴びる要素を持っていました。

当時の高校生、朴歯の高下駄を好み学生服の場合でも靴ははかず素足・高下駄で通した

弊衣破帽（へいいはぼう）――ボロボロの学生服に白線入りの破れ帽

子、黒マントを羽織り、冬でも素足で朴歯（ほおば）の高下駄をはく――この「バンカラ」が高校生の定番ファッションでした。これはエリート意識の裏返しであり、また自由な気風の表現でもあったのです。とりわけ寮生活は自由奔放もいいところで、酒は飲む、麻雀は打つ、挙句の果てに放歌高吟（こうぎん）のドンチャン騒ぎ。そんなことが日常茶飯事でした。それでも何も咎められることはありません。そこにはまさに青春を謳歌する姿があったのです。

授業内容は新制大学にかつてあった教養部と共通していて、帝国大学の定員とほぼ一致していたので進路についての心配はまったくありません。旧制高校の生徒は総じて、それが義務であるかのように、文学書や哲学書を読みました。さらには人生、芸術について、夜を徹して議論するのが、日常生活の欠かせぬ一面でした。それが、いわゆる「大正教養主義」の温床になったのです。

そういう自由溢れる高校生活に、進学を目指す全国の中学生は憧れました。弊衣破帽も、憧れの的だったのです。

戦前の諸学校は戦後の学制改革でそれぞれ独自の発展を遂げましたが、高等学校のみは事実上廃止され、似ても似つかない新制大学教養部や文理学部になって、かつてのプライドとエリート意識を喪失してしまいました。それを惜しむ出身者たちの声はいまだに尾を引いています。

「浪人」の由来は旧制高校受験

高校のうち「ナンバースクール」と呼ばれた官立の高等学校八校（第一から第八まで）は、明治時代に設立されました。

地域でいえば東京（第一）、仙台（第二）、京都（第三）、金沢（第四）、熊本（第五）、岡山（第六）、鹿児島（第七高等学校造士館）、名古屋（第八）です。世間では東京の「一高」（第一高等学校）と京都の「三高」（第三高等学校）が、東西を代表する高校と目されていました。

一九一八年（大正七年）から一九二三年（大正一二年）までに、官立高校には、新潟、松本、山口、松山、水戸、山形、佐賀、弘前、松江、東京、大阪、浦和、福岡、静岡、高知、姫路、広島の一七校が加わります。学習院高等科は宮内省所管の別格の官立高校で、大学受験の資格を持っていました。

公私立の高等学校は、一九一八年（大正七年）の改正ではじめて認められました。公立は府立（東京府立＝一九四三年に都立）、浪速（大阪府立）、富山（富山県立＝一九四三年に官立へ移管）の三校。私立は武蔵、甲南、成蹊、成城の四校でした。

受験資格は中学四年修了でしたが、四年で合格するのは、よほどの秀才に限られました。一九三七年（昭和一二年）の統計によれば、四年修了で合格したのは一六％に過ぎません。

もちろん、五年修了者にとっても高等学校進学は狭き門でした。黒マントに憧れた中学生は一回落ちたくらいではあきらめません。また受験して、落ちたらまた翌年……。そういう受験生が「浪人」と呼ばれるようになり、言葉としても定着したのです。つまり「浪人」とは、かつては旧制高校受験に限られた用語でした。

高等学校は、それぞれ独特の校風を持っていました。後発の私立高校には、官立校のバンカラ、バーバリズムとは対照的に、ハイカラ、モダニズムがありました。総じて官立の高校生はプライドが高く、地方であっても二流校意識は持っていませんでした。

また「学校格差はない」といわれていましたが、受験する側から見れば、やはり選択の余地はありました。あまり学力に自信のない東京の中学生なら、一高や三高を敬遠して、自分の学力に応じた地方の高校を受験するのが普通でした。戦後の池田勇人(はやと)総理も佐藤栄作総理も一高を敬遠して熊本の五高に行っています。

なお当時、高等学校を出て私立大学に行くことはほとんどありませんでした。

戦時中に急増した高等工業学校

早稲田大学は、一八八二年（明治一五年）に創立されたときは「東京専門学校」と名乗っていました。「早稲田大学」と改名したのは一九〇二年（明治三五年）です。いや、もとをただせば、東大法学部、医学部の前身である法科大学、医科大学も、前進は東京開成学校、東京医学校という専門学校でした。

専門学校は、一九〇三年（明治三六年）の専門学校令によって制度が確立しました。目的は、高等の学術技芸を教授すること。ごくわかりやすくいえば、三年以上の修了年限で職業に必要な知識、技術を教えるということです。

入学資格は中学校、高等女学校、または同等以上の卒業者のほか、専門学校入学者検定（通称「専検」）の合格者にも門戸は開かれていました。専検は年二回行なわれ、七〇〇〇〜九〇〇〇人が受験して二〇〇〜三〇〇人しか合格しない難関でした。

専門学校は、たとえば「高等工業学校」のように「高等」をつけました。ほかに農林、商業、商船、薬学などがありました。正式名称は、工業なら「〇〇高等工業学校」で、「専門学校」という呼称を避けようとしたフシがあります。同じ三年制の高等学校があまりにもカッコよすぎたからと思われます。通称も、工業なら「高工」といっていました。

戦時中、高等商業学校は「商業」という文字のせいで軽視され、一九四四年（昭和一九年）に改称もしくは方向転換をしました。「経済専門学校」や「工業経営専門学校」に改称したのはともかく、畑違いの「工業専門学校」に転じたところもあります。江戸時代の「士農工商」の名残りが、昭和の時代にも根強く生きていたのです。ちなみに商業学校の雄、東京商科大学も「東京産業大学」と変わり、新制大学になるとき「一橋大学」に改称されています。

なお、各種ある専門学校で一番多かったのは工業専門学校でした。昭和初期にすでに官立の一七校があったのですが、戦時中に官公立、私立の二〇校以上が増設されています。これは軍需産業のエンジニア需要に応えるためです。中には「国防理工学園電波科学専門学校」（現東海大学）

のようないかめしい名称もありました。

ちなみに、高等工業学校は、一般的には工業専門学校となったあと戦後の学制改革で新制大学の工学部になったのですが、あまりにも戦時色が濃いために廃校せざるを得なかった学校もありました。

軍医になるはずだったお医者さんたち

一九二二年（大正一一年）に官公立の医学専門学校（医専）の全部（一部の私立医学専門学校も）が医科大学に昇格したため、戦時期まで、医学専門学校は私立のみで、修了年限は四年または五年でした。

一九三九年（昭和一四年）以降、軍医不足に対処するため、官公立医専の大増設が実行されます。全帝国大学医学部と医科大学に付属医学専門部が併設され、さらに官公私立の医専が二〇校以上も新設されました。「男だけでは間に合わず」「男の医者が軍に取られたあとの補充」と考えたらしく、新設校には女子医専が四校含まれています。それまで女子医専は、東京女子医専（現東京女子医大）のみでした。

医専に入れば兵役が免除されましたので、「ありがたや」とばかりに医学生が急増したのですが、新設校は募集に苦労したようです。いずれにせよこの時期に医専に入り、やがて軍医として駆り出される運命にあった医学生が、戦後、町医者になって、ドッと世に出てきたわけです。

しかし、そのために戦後日本の医療が混乱したわけではありません。町や村のいいお医者さんになるために必要な条件は、学歴ではなく、経験と患者に信頼される人柄です。開業医は少ないより多いほうがいいに決まっています。戦時下の医専大増設は、むしろ戦後の医療に貢献したのではないかと思います。

男と対抗できた「津田の英語」

男の専門学校は、あえて数の優劣をつけるなら、明らかに官公立が私立を圧倒していました。私立大学の「専門部」というものを加えても、優劣は覆りません。

ところが、女子専門学校は当初、私立校のみで、のちに公立校が加わりますが、ついに官立校は設立されませんでした。

女子専門学校は、一～二年の予科や四年制の本科を置く学校もありましたが、ほとんどが三年制で、専攻課程は文学と家政の二本立てでした。当然のことながら家政の比重のほうが大きい学校が主流でした。文学にしても、専門分野に進む学生もいましたが、教育方針は「主婦のための教養」にあったといえるでしょう。

女子専門学校を「花嫁学校」というつもりはありませんが、親がそれに近い意識を持っていたことは否定できません。

そんな大勢の中で、女子英学塾（現津田塾大学）は、男と対抗できる能力を身につけることを目的とした、数少ない女子専門学校でした。「津田の英語」といえば、進学希望の女学生だけでなく、その名は全国に知れ渡っていました。

当時、英語に堪能な女性がつける職業といったら女学校の教師くらいしかありませんでした。それでもなお「職業のための英語」に徹した教育方針は、特筆ものです。

天皇臨幸もあった東京帝大卒業式

戦前の大学制度は、一九一八年（大正七年）の大学令によって確定し、戦後の学制改革まで続きました。

一八八六年（明治一九年）の帝国大学令によってすでに帝国大学（東大は一八七七年設立）は天下公認の大学だったのですが、それ以外の大学は大学令によって正式に認められたわけです。いずれも三年制で、医学部のみ四年制でした。

帝国大学令が発令されたときは、帝国大学は東京にしかなく、一一年遅れて一八九七年（明治三〇年）に京都帝国大学が設立されました。以後、東北（一九〇七年）、九州（一九一〇年）、北海道（一九一八年）、京城（一九二五年）、台北（一九二八年）、大阪（一九三一年）、名古屋（一九三九年）と続きます。

戦前の大学行政は官学重視で、帝国大学中心に回っていたといっていいでしょう。世間の人も「大学」といえば帝国大学を思い浮かべました。その頂点にあったのが東京帝国大学で、まさに別格の存在でした。

東京帝大が学部制を採ったのは、大学令以後です。それ以前は法科大学、医科大学、工科大学などの分科大学で構成されていました。いまでも「法科」「医科」という言葉が使われるのは当時の名残りです。

晩年の明治天皇、御列の２人め（陸軍経理学校で撮られたもの）

分科大学に「学長」がいたために、その上に位置するという意味で帝大の長には「総長」という役職名がつけられました。いまでは私立大学でもこの「総長」という呼称が使われています。

大正時代中期までの東京帝国大学の卒業式には、天皇の臨幸もありました（明治天皇はほとんど毎年臨幸、崩御の二〇日前も出席）。また「恩賜（おんし）の銀時計」とか「首席争い」とか「成績順名簿の公表」とか話題に事欠きません。いずれも大正時代までのことですが、伝説の如くに語り伝えられています。これも、東京帝大がいかに特異な別格の存在であったかを示す証左といえるでしょう。

戦前から超一級の権威を持っていた「東大医学部」

帝国大学の入学資格は「高等学校卒業」と規定されていましたが、必ずしも厳密に守られていたわけではありません。第一次募集で入学定員が埋まらない場合、門戸が広げられました。大学によっては第二次募集で専門学校卒業者、高等学校学力検定合格者、男女高等師範卒業者、他大学予科修了者、中等教員免許所有者など、いわゆる傍系にも受験資格を認めました。

一九三六年（昭和一一年）、内地の帝国大学入試で（北大は予科の関係から除く）競争率二倍を超えた学部は、東大の法学部、医学部、工学部、東北大工学部、九大法文学部の五学部でした。東大の三学部は開学以来の伝統があり、多くの人材を世に送り出した実績も抜群で、とくに医学部は超一級の権威を持っていました。東北大工学部には鉄鋼冶金の研究・発明ではノーベル賞級だった本多光太郎教授がいて、その声望は東大工学部を凌ぐものがありました。

この年、内地の帝国大学への入学志願者は九一六三人。合格者は五一八七人。競争率は一・八倍でした。高等学校卒業生数は約五〇〇〇人ですから「浪人」や傍系がかなり受験したことがわかります。

東大でも、文学部などは学科によってはほとんど無試験でした。作家の太宰治は一九三〇年（昭和五年）に弘前高校から東大文学部フランス文学科に入学しましたが、自伝風の短編小説に「われはフランス語を知らぬ」と書いています。彼は講義に出ず、授業料も払わず、二年で除籍されました。

「大学」に昇格した私学

早稲田、慶応などの伝統ある私立大学は、大学令以前から「大学」を名乗っていました。正式に認められたのは大学令によってです。このとき、大学に昇格した私学は次の通りです（下段の学部は戦前のもの）。

慶応義塾大学（文・経済・法・医・工）
早稲田大学（法・文・商・政治経済・理工）
明治大学（法・商・政治経済）
法政大学（法文・経済）
中央大学（法・経済・商）
日本大学（法文・商経・工・医・農）
国学院大学（文）
同志社大学（法経・文）

東京慈恵会医科大学（医）
龍谷大学（文）
大谷大学（文）
専修大学（法・経済）
立教大学（文・経済）
関西大学（法文・経済・商）
拓殖大学（商）
立命館大学（法・文）
立正大学（文）
駒沢大学（文）
東京農業大学（農）
日本医科大学（医）
高野山大学（文）
大正大学（文）

一方、私立女子校では、日本女子大学と東京女子大学だけが大学令公布以前から「大学」を名乗ることを許されていました。正式には「専門学校」でしたが、ともに三年の予科コース（日本女子大は高等科、東京女子大は高等学部）と三年の本科（東京女子大は大学部）を持ち、高等学校～大学と同じ年限の教育を行なっている実績があったのです。
それだけ戦前においてはこの二校が、女子の高等教育に力を注いでいたといえます。

最も危険な「遊び」だった左翼運動

戦前に学生生活を送った人が、戦後の学生を見て、一番うらやましいのは男女交際でしょう。当時学生がまともに口をきける女性は下宿のおばさん、食堂や喫茶店のウエイトレス、郵便局の窓口嬢くらいしかいませんでした。よほどの石頭か変人でない限り、恋愛に憧れていたのですが、合コンなんかありませんので、女性と交際する機会がほぼなかったのです。

婚活は見合いが主流、男女交際はご法度だった戦前の女性たち

ただ酒場にでも行けば、おかみや給仕の女性と軽口をたたけるし、有り金をはたいて遊郭に足を向ける学生も結構いました。金がなくなって父親に「カネオクレタノム」と電報を打ったら、「ノマズニタメロ」と返事が来た、という有名なジョーク（父親は「金を呉れた、飲む」と読んだ）は、当時のそんな学生生活から生まれたものです。
息子の遊びを薄々は感づいていても、相手が玄人（くろうと）なら後腐れがないし、深入りしなければいいと目をつぶる親もいました。世間一般にも「若いうちは少しくらい遊んだほうがいい」という風潮があったのです。これも「男優位社会」ならではの処世観といえます。

その一方で当時の最も危険な「遊び」が、左翼運動でした。

高等学校を温床にした「大正教養主義」と「マルクス主義」が結びついたというかたちでしょうか。階級闘争理論に目覚めた学生は行動に走り出しました。

特高警察の弾圧は一九三〇年（昭和五年）頃から激しくなり、大学生、高校生の検挙数が増えていきました。検挙されても、共産主義運動からの離脱、いわゆる「転向」を認められれば釈放されましたが、学校からは退学、停学の処分を受けました。

一九二五年（大正一四年）から一九三三年（昭和八年）までの高等教育機関在校生の検挙者数は、四一一五人。内訳は大学生五六％、高校生二九％、専門学校生一五％でしたが、在学生数から見た検挙率は高校生が最高でした。

高校生が最も多く検挙された一九三〇年（昭和五年）には実に、在校生の五三人に一人が検挙されています。私立高校の検挙率は低いので、官公立高校では平均して一クラスに一人が検挙されたことになります（数字は竹内洋著『教養主義の没落』による）。

退学処分を受けると、ヤクザの破門状が全国の親分に配布されるのと同じで、官公立校は出入り禁止です。引き取ってくれる私立校があるにはありましたが、裏街道みたいな第二の人生を歩むことになりました。

たとえ退学を免れても「転向」を表明した挫折感は残ります。「左翼運動はハシカみたいなものだ」ともいわれましたが、その後遺症によって人生を狂わせた学生が少なからずいたのです。

戦後も続いた師範閥の争い

小学校教員を養成する師範学校は、小学校と同じく一八七二年（明治五年）の学制によって定められました。府県立が各府県に男子校一～三校、女子校一校が設立されました。一九二八年（昭和三年）までは一校に男子部と女子部を置くところもありましたが、それ以後は、男女別です。

師範学校は、入学者の学歴によって本科一部と本科二部に分けられました。一九二五年（大正一四年）以降は、本科一部＝高等小学校卒が五年制、本科二部＝中学校及び五年制高等女学校卒が一年制で、四年制高等女学校卒は二年制でした。

小学校教員の資格は、師範学校で取るのが正規ルートでしたが、それだけでは足りないので、広く検定制度が採用されました。中学校・高等女学校卒業者、専門学校入学者検定（専検）合格者は、「代用教員」を二年経験すると、免許を取得できました。

女学校を出ても就職先は限られていた時代ですから、代用教員は一番手近にある職業でした。本人が志望し、親も「学校の先生なら、悪い虫もつかないだろう」というわけで、女性が代用教員になるケースが多かったのです。

師範学校出身者は全教員の中で多数を占めていたわけではありません。それだけエリートだったのです。男子校が複数ある府県では卒業生の学閥争いが激しく、その弊害は、戦後も長く解消されなかったといわれています。

師範学校はお金のかからない進学コース

師範学校は授業料がなく、おまけに公費生の制度もありました。つまり、生活費まで面倒を見てくれたのです。給費額は、年度と府県によって大幅に差がありますが、昭和初期には九五％以上が公費生で、給費額は月額八～二四円（＊一万六〇〇〇～四万八〇〇〇円）でした。志願者が少ないと、入学支度金を用意したところもありました。

経済力に恵まれない家庭の高等小学校卒業生にとって、まことにありがたい進学コースだったのです。中学校に行かせるのは無理でも師範学校ならなんとかなるし、就職も保証されています。真面目に勤めれば校長にもなれました。したがって、普段現金収入のない農家などでは、跡取りが先生になれば、おおいに家計が助かったわけです。

そんな事情もあって、師範学校には、はっきり目標を持った、小学校の成績も優秀な生徒が集まりました。

ただ、師範学校卒業生には「奉職義務」が課せられました。その府県で一定年限、教壇に立つ義務があったのです。公費生の義務期間はだいたい五～七年で、中途退職者は授業料相当分を返却する義務を負わされました。

すなわち端的にいえば「金縛り」です。授業料免除、生活費の支給に加えて、支度金さえ用意する――これだけ面倒を見ているのだから、そのくらいの義務は当然だ、というわけです。現に、そういう特典をあてにして入学した生徒も少なくありません。ただ、金の威力で生徒を集め、将来まで規制することが可能だったのも、貧しい時代だったからといえます。また、国に服従を強いられた教師が小学校の中枢を占めるということは、皇国思想や国家主義思想を小学生に注入するのに、極めて都合がよかったのです。

また小学校教員は安月給で有名でした。一九三五年（昭和一〇年）当時、平均給与は、高等小学校までの全科を教える正教員男子が六七円（＊一三万四〇〇〇円）、女子が四八円（＊九万六〇〇〇円）。尋常小学校の正教員男子が五一円（＊一〇万二〇〇〇円）、女子が四二円（＊八万四〇〇〇円）。同年齢のサラリーマンと比べると三分の二、ないしは半分程度です。

その安月給の裏返しが、「教師聖職論」です。教育は神聖なものである、教師は薄給に甘んじて粉骨砕身すべし――この考えも、精神主義に染まった世相が産んだものでしょう。確かに世間一般の人たちが、そんな尊敬の目で教師を見ました。教師も、そこに崇高な価値観を見出して、自らを慰めました。

戦後、教師の待遇は大幅に改善されますが、その分、「尊敬」のほうが目減りしたのはなんとも皮肉です。

女性の最高学府だった東京・奈良女高師

中等学校、師範学校の教員を養成する官立の高等師範学校は、男女それぞれ二校ありました。男子は東京と広島、女子は東京と奈良で、とくに男子の東京高等師範学校（現筑波大学）は「中等教育の本山」とも称されました。

入学資格は中等学校及び師範学校卒業者で、修了年限は四年。官立高等学校より学費の負担が少なく、卒業すれば中等教育界のエリートの道が開けるので、中学校卒業生にとっては魅力ある進学先で、入学試験も難関でした。

卒業生のほとんどは中学校などに奉職しました。私の師で、かつて文壇長者番付の一位にもなったベストセラー作家の梶山季之（としゆき）は、戦後の学制改革ギリギリに広島高等師範学校を卒業したのですが、奉職義務を果たさず家出同然に上京したため、同期の卒業生名簿の履歴欄で、彼のところだけが空白になっているそうです。

私立大学にも中等教員養成を目的とした高等師範部（三～四年制）、専門部高等師範科（三年制）がありました。三年制の場合、無条件で教員の資格を得られたわけではないのですが、文部省も厳格な検定試験は行なわず、ほとんど無試験に近いかたちでした。

東京と奈良の女子高等師範学校は、当時としては際立った存在でした。女性に「職業のための教育」を実施する官立高等教育機関はこの二校しかなく、いわば女性の最高学府であり、「東京女高師」（現お茶の水女子大学）「奈良女高師」（現奈良女子大学）といえば全国から秀才が集まる学校として世間にも通っていました。娘が進学するのを歓迎しない父親でも、女高師に行くとなれば、話は別です。親バカ気分に押されて、多少の無理をしてでも、娘の進学を認めました。

もちろん「女高師出」でも結婚はします。現代とは違って、結婚すればたいていは家庭に収まりましたが、近所で「あそこの奥さん、お茶の水よ」と、井戸端会議の話題にもなったのです。

第五章　戦前の外交と国際連盟

戦前日本の外交関係

昭和戦前期において日本と外交関係のあった国は六〇カ国以上にも及びます。「外交関係を持つ」とは本来、大公使を交換している場合を指しますが、必ずしもその国に大公使館を設置せず、隣国や近国の大公使が兼ねることも少なくありませんでした。

そもそも大使を交換するのは大国相互の慣例で、日本からはじめて大使を派遣したのは、一九〇五年（明治三八年）のイギリス駐剳（ちゆうさつ）です。第一次世界大戦前、相互に大使を交換できる国を「一等国」といいました。イギリス、アメリカ、フランス、イタリア、ドイツ、オーストリアハンガリー、ロシア及び日本です。第一次世界大戦が終わってドイツ、オーストリアハンガリー、ロシアが脱落し、残った国が「五大国」です。

二国間における外交関係は、平時は判然としているのですが、戦時となると紛らわしくなってきます。とくにどちらかの国に政権が複数存在、あるいは亡命政権が存在している場合には、もう一方の国がどの政権をその国を代表するものとして承認するかという問題が出てきます。この問題を解決、すなわち承認する政権を決定したとしても、ひとたび戦争が終結すればその決定とは関係なく、戦勝国もしくは戦勝国側の政権獲得者が望む都合のよい主張が、過去にさかのぼって適用されることが多いので、注意を要するところです。日中・日米戦争当時の日本の外交関係はまさにその典型でした。その中でもとくに紛らわしかったものは次の通りです。

イタリア――ムッソリーニは一九四三年（昭和一八年）、バドリオ政権成立により失脚し、のち北イタリアのドイツ軍占領地域にドイツの傀儡政権たる「イタリア社会主義共和国」と称するものをつくり、日本はこれを承認しました。その結果、駐日イタリア王国大使館はイタリア社会主義共和国大使館と衣替えしました。一方、バドリオ政権は連合国に無条件降伏してドイツに宣戦、一九四五年（昭和二〇年）一月、バドリオ政権に代わったボノミ政権は日本との同盟関係を破棄する旨を正式に宣言し、七月には後継のパッリ政権が日本に対して正式に宣戦布告しました。しかし日本は、イタリアにおいてはムッソリーニ政権以外は承認していないので、この宣戦布告は国際法上意味がないとしています。なおバドリオ政権の降伏後、わが国の大本営政府連絡会議では「伊国ニ対スル措置ノ件」を定め、イタリアを実質的に敵国として取り扱うこととしました。

オランダ――一九四〇年（昭和一五年）、オランダはドイツ軍に占領され、女王と政府はロンドンに亡命しました。といってもオランダ王国そのものが消滅したわけではなく、日本はロンドンのオランダ女王政府を認めました。ただ、駐オランダ日本公使はロンドンに移ることなく引き揚げています。一方、駐日オランダ公使館は日米戦争までロンドンの亡命政府を代表していました。なおドイツも、蘭領印度（蘭印、現インドネシア）を日本にコントロールさせる必要から、同地域の支配権を持つロンドンのオランダ女王政府を認めていました。

実は、「日本はロンドンのオランダ女王政府を認めた」と述べましたが、そこに至る過程ではひと悶着あったようです。一九四一年（昭和一六年）二月、日本と蘭印との経済交渉（主に石油問題）の最中に日本の外務次官が「日本政府はロンドンに亡命中のオランダ政府とは何らの関係もない」と語ったとか、情報局部長が「日本はオランダ政府を事実上認めていない」と語ったという報道がなされたのです。そこでインドネシアの蘭印当局は、日本政府が在ロンドンのオランダ政府を法律上及び事実上認めるとの意思表示をすることを希望しました。曲折の末、日本が承認の態度を示したので、蘭印当局も交渉を促進する用意があることを申し出ました。このように、亡命政権との外交関係は微妙なものがあったのです。

中国──中国のことを「支那」と呼ぶのは、戦前のわが国の一般的習慣でした。ただ外交上は、清朝時代は「清国」「大清国」「清帝国」などと相手の自称する通りわが国も呼称していました。中華民国成立後は、あえて相手の称さぬ「支那共和国」と呼称したのですが、これも一九三〇年（昭和五年）には閣議決定により「中華民国」と呼称することになりました。しかしこの閣議決定も外交手続き上の呼称であり、一般的には地理的名称としてはもちろん、あらゆる場合に「支那」と呼称しました（宮内庁の編集した『昭和天皇実録』では一九三〇年以降についても「支那」の語を連発している）。

清朝滅亡後の中国では、北京にある軍閥政権を中央政府として、日本を含む各国が承認しました。日本が承認したのは一九一三年（大正二年）で、袁世凱（えんせいがい）が大総統に就任したときです（それまでは臨時大総統）。以後、一九二七年（昭和二年）の張作霖（ちょうさくりん）大元帥（大元帥とは一九二七年六月一八日に張作霖自身の公布した中華民国軍政府組織令によるポストで、同第一条に「陸海軍大元帥は中華民国を統率す」としていた）のときまで、中央政府としての連続性を一応保っていました。

その後、張作霖の失脚と日本軍による張の爆殺（張作霖は中華民国の国家元首であり、彼の爆殺を単なる馬賊の頭目を抹殺した程度に扱う歴史書が多いが、まことに当を得ていない）により日本の承認する中国の正統政府は存在しないことになりますが、一九二九年（昭和四年）、南京の中華民国政府（蔣介石政権）を改めて承認しました。

日本の駐中国外交使節団の長は一九三五年（昭和一〇年）まで公使で、以後大使になりました。日本大使館を当時の首都である南京に置かず北京に置き、大使自身は上海に駐在していました（一九三五年の例）。のち大使館を南京に移し、代わりに公使が北京、上海に駐在しました。

中華民国は満洲事変に際しても、また満洲国成立後も日本に対して国交断絶をすることなく、日華事変勃発後も通常の外交関係を保っていたのですが、一九三八年（昭和一三年）一月の近衛総理による「爾後（ジゴ）国民政府ヲ対手（アイテ）トセズ」との声明ののち、中国は駐日大使を引き揚げ、日本も駐中国日本大使に帰国命令を出しました。これを事実上の外交関係の断絶とする考えもあるのですが、駐日中国大使館はただちに閉鎖されたわけではなく、駐中国の日本大使館も大使が帰朝したのみで新たに代理大使を任命しています。声明当時、日本の外相は駐日アメリカ大使に「外交関係の断絶ではない」と伝えたともいいます。外交上の通告と異なり、一片の首相声明はいつでも取り消し得ます。また両国の領事館もしばらくそのまま存続しました。ですから日華事変は当初、単に宣戦布告がないというのみでなく、外交関係が存在しているという奇妙なかたちであったのです。なお一九三七年（昭和一二年）一二月、華北に成立した中華民国臨時政府や、一九三八年（昭和一三年）三月に上海に成立した中華民国維新政府はいずれも日本軍の傀儡政権でしたが、日本政府は承認しませんでした。

日本は一九三七年（昭和一二年）七月七日の盧溝橋事件を同年七月一一日に「北支事変」（日本側は宣戦布告すると第三国からの軍需資材の輸入が阻害されるから不利益であるとの理由で、中国側はアメリカの支援なしでは日本と戦えないことから、双方とも「事変」とした）と呼称することにし、九月二日には「支那事変」と改称、一九四一年（昭和一六年）一二月八日以降はこれを大東亜戦争に含ませることとしました。なお中国も一九四一年（昭和一六年）一二月九日まで日本に宣戦はしていません。

一九四〇年（昭和一五年）、日本側の援助により中華民国国民政府の重慶から南京への還都という形式で傀儡政権たる汪兆銘政権が成立し、日本はこれを承認し、重慶の中華民国国民政府（蔣介石政権）を自動的に否認しました。蔣介石の政敵である汪兆銘の政権を承認したということは、日本からすると蔣介石政権は国交も、宣戦布告のある戦争もできない相手になってしまったということになります。ですから蔣介石が相手の支那事変を大東亜戦争に含ませるということは、本来は無理なことなのです（支那事変は一九七五年頃から「日中戦争」と呼称されるようになる。これは「支那」が差別用語とされたからであった。日本政府も戦時中、汪兆銘政権の要請を受け、「支那」は用いないようにする、と約束していた。したがってもし仮に日本が対米戦に勝利していても「支那」は廃語となったはずである。なお、「支那」に差別的意味はないとする説もある）。

日米戦争開始後になって蔣介石政権は対日宣戦布告をしましたが、日本は、認めていない政権の宣戦は無意味との立場を取りました。日本は対中国宣戦布告をしなかったため中国を敵国と見なさず、また日本に住む多数の中国人も敵国人の扱いを受けませんでした。

一九四三年（昭和一八年）、汪兆銘政権は英米に宣戦し、汪兆銘の死後（一九四四年）、腹心の陳公博が引き継ぎましたが、日本敗戦と同時に消滅します（陳は死刑）。そして太平洋戦争終結のポツダム宣言は、ポツダム会議に出席しなかった蔣介石政権たる中華民国の加わったものであり、ミズーリ号上の降伏文書調印式に出席したのはいうまでもなく蔣介石政権の代表者です。その際、中国（満洲を除く）、台湾及び北緯一六度以北の仏領印度支那（仏印）にある日本陸海軍は蔣介石総統に降伏すべしと命ぜられました。

満洲国——満洲国とは、日本の関東軍が満洲事変により中国東北部につくった国家です。政治学でいう国家の三要素すなわち国土、国民、統治機構を有していたので、満洲国は国家にほかなりません。もっとも満洲国を国家として認めていたのは次の二一カ国のみでした。ほとんど枢軸国（日独伊側に属した国々）またはその影響下の国です（カッコ内の西暦は承認した年）。（一九三二年）日本、（一九三四年）ローマ法王庁、サルバドル、ドミニカ、エストニア、（一九三五年）ポーランド、（一九三七年）イタリア、スペイン、（一九三八年）ドイツ、デンマーク、（一九三九年）リトアニア、ハンガリー、スロバキア、（一九四〇年）中華民国汪政権、ルーマニア、ブルガリア、（一九四一年）クロアチア、タイ、フィンランド、（一九四三年）フィリピン、ビルマ。

このほかソ連とは相互に領事館を設置していたので、ソ連は事実上、満洲国を承認していたと日本及び満洲国は見なしていました。アメリカ、イギリス、オランダ、中国とも交易があり、つまり国家関係はなくても経済関係はあったわけで、満洲国がまったく孤立していたということではないことがわかります。

国際法上、外交権を有しない保護国・付庸国以外の国を独立国というので、承認各国からすると満洲国は独立国となります。しかし自ら国の意思を決定し得る国を独立国というならば、満洲国は関東軍の内面指導を受け、政府の中枢部を国籍を持たない外国人に占拠され、自国の防衛を他国に依存し、外国語たる日本語を公用語の一つとしていたのですから、完全な独立国とはいえません。満洲国を指して「傀儡国家の典型」といわれることがありますが、操る者も操られる者も日本人（関東軍は満洲国政府内の日本人官吏を通じて操った。これを「内面指導」といった）という不自然な傀儡国家でした。また満洲国は憲法も議会もなく、法律は政府が任意に制定改廃、義務教育制も国籍法も政党もなく、産業面の振興を除きその近代国家としての性格は否定せざるを得ません。ただ当時、この程度の国は珍しくなく、アジアで憲法も議会も安定継続してあったのは日本だけです。

フランス――一九四〇年（昭和一五年）、ドイツに降伏し、国土の北五分の三がドイツ軍占領地区、南五分の二がドイツの傀儡、ペタン元帥の樹立したヴィシー政権地区となりました。日本はこのヴィシー政権を最後までフランスの正統政府と認め、駐日フランス大使館も一九四五年（昭和二〇年）までこれを代表していました。一方、親独的なヴィシー政権に対抗するためフランスを逃れアルジェリアに拠点を置いていたドゴール将軍の自由フランスは対日宣戦し、一九四四年（昭和一九年）にはフランス本国に入りパリに入城、ヴィシー政権はベルフォールに移転したのち、崩壊します（ペタンは売国奴とされ死刑判決、のち流刑島で死亡）。

仏領印度支那に対しては、日本は一九四〇年（昭和一五年）から大使を派遣しサイゴンに大使府を置きました。仏印総督府はフランス本国から立法権の代理権行使を認められ、政府からの訓令に基づいて外国政府との間に条約協定または取り決めの成立に必要な権限の行使ができ、仏印駐箚の外国使臣と外交関係維持にあたることができたのです。ヴィシー政権崩壊直前、仏印総督（ジャン・ドクー）は本国から立法、外交、軍事、財政の全般の権限を取得します。これによりいかなる法令も制定でき、条約締結など一切の外交権限を得、仏印駐屯陸海軍の指揮権を持つ最高指揮官となりました。日本は一九四〇年（昭和一五年）以来、仏印全土に軍を進めましたが、外交交渉による結果であることから「占領」とはいわず「進駐」といっていました。一九四五年（昭和二〇年）、現地フランス軍の武装を日本軍が解除し、三月、日本軍のバックアップで仏印三国が独立を宣言します。すなわち安南王国（四月に「越南帝国」と改称、今日のベトナム）、カンボジア王国、ルアンプラバン王国（今日のラオス）です。ところが日本政府は負け戦でこれらの国を承認する暇がなく、仏印大使府はしばらくして閉鎖しました（日本敗戦後、ジャン・ドクーは対日協力の罪で裁判にかけられ、仏印三国はふたたびフランスの植民地となった）。

その他の国々――ドイツに攻撃された国々のうち、デンマークは開戦後わずか一日で国王が降伏を受け入れたため国家も政府も消滅せず、ドイツ敗戦後に、デンマークが対日断交するまで日本との外交関係が続きました。

ベルギーは一九四〇年（昭和一五年）、国王はドイツに降伏しましたが首相はこれを認めず、ロンドンに亡命しました。駐日ベルギー大使館はこの亡命政権を代表しており、亡命政権が連合国の一員として対日宣戦すると同時に閉館します。駐ベルギー日本大使館は政府亡命後も存続しましたが、亡命政府の対日宣戦により閉館しました。

ノルウェーは一九四〇年（昭和一五年）、国王と政府はロンドンに亡命し、本国にはドイツの傀儡、クイスリング国防相の政権が成立しました。駐日ノルウェー公使館はロンドンの亡命政府を代表していたと見られ、一九四二年（昭和一七年）、公使館員全員の引き揚げをもって対日断交に代えています。一方、駐ノルウェー日本公使は、亡命政権の対日断交後の一九四二年（昭和一七年）一一月に新たに任命しているので、クイスリング政権に派遣していたことになります。なお亡命政権は本国復帰直前の一九四五年（昭和二〇年）二月、対日宣戦しました（戦後、クイスリングは売国奴となり処刑）。

ルクセンブルクは一九四〇年（昭和一五年）、ドイツ軍政下に置かれ、大女公と首相以下閣僚がパリに、次いでモントリオールに亡命政権をつくりました。しかし本国は一九四二年（昭和一七年）、ドイツに併合されてしまいます。駐ルクセンブルク日本公使は駐ベルギー大使の兼任でしたが、一九四三年（昭和一八年）に引き揚げました。亡命政権は一九四四年（昭和一九年）、本国に復帰しますが、亡命中も復帰後も対日断交・宣戦布告を行なっていないにもかかわらず連合国の一員であったため、対日戦勝国の地位につきました。

ギリシャは一九四〇年（昭和一五年）以来、イタリア、ブルガリア、ドイツに侵攻され、政府はエジプトに亡命しました。駐日ギリシャ公使はこの亡命政権を代表し、亡命政権の対日断交とともに閉館されました。本国復帰したギリシャ政府は一九四五年（昭和二〇年）に対日宣戦します。

このほかユーゴスラビア、ポーランド、エチオピア、チェコスロバキアが対日宣戦を行ないました。いずれも独伊に占領されていた国または政権であり、日本としては交戦関係を認めていません。そのほか日本が米英の属国と見なしていたニュージーランド、インド、ドミニカ、ハイチ、シリア、レバノン、サウジアラビアは対日宣戦を行ないました（国交がなくても日本が否認していない限り宣戦布告は有効）。これらも対日戦勝国となりました。

連合国――一九四五年（昭和二〇年）一〇月三一日、GHQから「『連合国』『中立国』及『敵国』ノ定義ニ関スル覚書」が発せられ、一九四二年（昭和一七年）の連合国宣言に署名した二七カ国及びこれらと連合した諸国の計四九カ国を連合国と認定し、その後、一九四七年（昭和二二年）、一九四八年（昭和二三年）、一九五一年（昭和二六年）と訂正の覚書が発せられ、最終的に六〇カ国を対日戦勝連合国としました。

対日講和にあたっては、日本の交戦相手国としてセイロン、カンボジア、ラオス、ベトナムを新たに加えました。実際にサンフランシスコ会議には交戦相手国のすべてが参加したのではなく、参加しても日本との平和条約に調印しない国や、調印しても批准しない国があったのは周知の通りです。

国際連盟

日本は第一次世界大戦の戦勝国として国際連盟の原加盟国となり、また常任理事国として、満洲事変後の国際連盟脱退まで活躍しました。ただ脱退後も、国際連盟関係機関での活動は、日華事変勃発後まで継続しています。

一九一九年（大正八年）、第一次世界大戦ののち、パリ講和会議で、対独講和問題と平和保障のための国際連盟問題が討議され、ベルサイユ条約の第一編として国際連盟規約が掲げられ、一九二〇年（大正九年）、各国の批准により国際連盟が発足しました。発足時の原加盟国は四二カ国、そののち一七カ国が実際に加入します。

国際連盟の本部はスイスのジュネーブに置かれ、機構として総会、理事会、事務局が置かれます。総会は毎年九月に開かれ、一カ月継続します。理事会は常任理事国と非常任理事国で構成されます。常任理事国は規約でイギリス、フランス、イタリア、日本、アメリカとされたのですが、アメリカが加盟しなかったので、四カ国のみで発足しました。のちドイツとソ連が加盟して常任理事国になりましたが、やがて日本と同じく国際連盟を去ることとなります。

事務局には事務総長と若干の次長のほか、政務部、法務部、委任統治部、社会部、保健衛生部、軍備縮小部、情報部、行政及び少数民族部、交通部、財政経済部がありました。

国際連盟は狭義には総会、理事会、事務局から成りますが、広義にはほかに常設国際司法裁判所、国際労働機関を含みます。

常設国際司法裁判所はオランダのハーグにあり、国際連盟発足前は「国際仲裁裁判所」といいました。一一人の正判事と四人の予備判事は総会と理事会で選出します。裁判所の権限は、当事国の付託する一切の国際紛争の裁判と、総会または理事会の諮問にかかる問題について意見を述べることの二つです。

国際労働機関は、予算を別とすると国際連盟から独立した機関で、労働総会、労働理事会、労働事務局を有しました。代表は政府、使用者、労働者の三者構成で、政府代表一二人のうち八人は主要産業国たるイギリス、フランス、イタリア、ドイツ、インド、ベルギー、日本から出ていました。

一九三三年（昭和八年）、国際連盟から日本とドイツが、一九三七年（昭和一二年）にイタリアが脱退通告をし、一九三九年（昭和一四年）にソ連が除名されたのですが、このほかにも脱退した国はいくつかありました。国際連盟は国際連合発足後、一九四六年（昭和二一年）四月の連盟総会決議により解散されました。

日本と国際連盟との関係

日本は第一次世界大戦の戦勝国として国際連盟における常任理事国の一つになり、これをもって当時国内では「世界四大国の一つ」と誇称しました。また、国際連盟事務次長として初代・新渡戸稲造、二代・杉村陽太郎が活躍しました。さらに日本は旧ドイツ領の南洋群島を国際連盟委任統治領として事実上、領土と同じに統治します。

日本はパリに国際連盟日本国事務局を置き、ジュネーブに出張所を置きました。理事会出席の日本代表が駐仏日本大使であるため、パリに事務局を置いたというわけです。なお国際労働機関帝国事務所はジュネーブに置きました。

一九三三年（昭和八年）三月二七日、日本は国際連盟脱退を通告し、連盟規約に基づき、一九三五年（昭和一〇年）三月二六日、連盟国たる地位を喪失します。脱退通告後、国際連盟日本国事務局を国際会議日本国事務局と変え、ジュネーブに移しました（事務局長は駐スイス日本公使の兼任だった）。

ただ連盟脱退後も、日本は国際連盟への協力関係を断ったわけではなく、国際司法裁判所、国際労働機関、諸委員会との関係は従来通り続き、一九三五年（昭和一〇年）の第一六回連盟通常総会では、国際司法裁判所判事に日本の長岡寿一を絶対多数で選出したりしています。「国際連盟脱退後、日本は世界の孤児になった」といわれますが、このように連盟機関との関係は良好であり、満洲事変以後に外交関係を開始した国もあることは注目に値します。また一九三六年（昭和一一年）のＩＯＣ総会では英米を含む多くの国々の支持を得て、一九四〇年（昭和一五年）の東京オリンピック開催が決定されています。国際世論はむしろこの時期の日本に同情的ですらあったといえそうです。

なお南洋群島の委任統治は、これは国際連盟そのものから委任されたのでなく、ベルサイユ条約で委任されたものであり、日本が同条約を破棄したわけではないので返還する必要がないとの理屈により、脱退通告後も統治を継続しました。日米戦争中、この群島中のパラオ、サイパン、トラックなどで激戦が繰り広げられ、その結果、戦後相当期間アメリカに占領され、一部は現在も統治されたままです。

独ソ戦が招いた日米開戦

一九四〇年(昭和一五年)になってフランスを降伏させるなどドイツがイギリスを除くヨーロッパ全土を席巻すると、日本では独伊との同盟締結論が盛んになってきました。新聞では「バスに乗り遅れるな」との論調が高まり、蘭印やマレー半島を占領しようとする「南進論」の動きが広まりました。そこに、三国同盟に消極的な米内内閣に代わり、近衛内閣が成立しました。この内閣に外相として入閣した松岡洋右はかねてより日・独・伊・ソの四国による対米包囲陣の形成を主張していました。

不可侵条約締結後、スターリンと腕を組む松岡洋右

松岡は水面下で独ソと交渉を開始し、一九四一年（昭和一六年）三月に同盟締結を目的としてソ連に向け出発します。一方、松岡の構想をキャッチしたアメリカは日本に対して関係改善を呼びかけ、会談すなわち日米交渉を持ちかけます。伝統的に大西洋方面からの敵と、太平洋方面からの敵に対して、同時に二正面作戦（日本を仮想敵とした オレンジ計画・ドイツを仮想敵としたブラック計画）が展開で

きるよう戦備を整えていたアメリカですが、四国同盟もしくは日ソ同盟が成立すると、北方のソ連からも脅威を受けることになり、防衛体制が根底から崩壊してしまうからです。案の定、四月に日ソ中立条約が締結されると、日米会談はトントン拍子に進展しました。アメリカは譲歩を重ね、ルーズベルト大統領と近衛首相との会談もセットされました。

ところが二カ月後の六月、ドイツが独ソ不可侵条約を破棄し、突然ソ連を攻撃、独ソ戦が勃発しました。これによりアメリカが日本・ドイツ・ソ連の三方から攻撃される可能性はゼロとなったわけです。ここにおいてアメリカは豹変し、にわかに高圧的な態度を取るようになります。近衛首相との会談もキャンセルし、代わりに石油の輸出をストップした上で、日本が絶対に呑めない中国、東南アジアからの全面撤退や三国同盟の即時解消を要求するハル・ノートを突きつけます。ルーズベルトは「アメリカの若者を二度と戦場に送らない」という公約を掲げて大統領に当選した手前、最初の一発の引き金はぜひとも日本に引いてもらわねばならなかったわけです。

一九四一年（昭和一六年）一二月八日、日本海軍はハワイに停泊中のアメリカ艦隊を攻撃、同時に陸軍による英領マレー半島上陸を敢行し、日米戦争が幕を切ります。日本軍は開戦後、快進撃を続けますが、一九四二年（昭和一七年）八月から翌年二月までのガダルカナル攻防戦に破れてからは、アメリカの攻勢にさらされるようになり、敗戦への道を転がり落ちていったのです。

なお日本がハワイ攻撃前にアメリカに渡そうとしていた「対米覚書」（英文では「MEMORANDUM」）は、「今後交渉を継続妥結に達するを得ずと認むるの他なき旨を合衆国政府に通告するを遺憾とするものなり」と結ばれ、「今後交渉しない」と述べるだけで、国交断絶や戦争予告を一切表わしていません。「最後通牒」ともいわず「宣戦布告」ともいっていません。事前に暗号解読でこれを知っていたアメリカ政府も戦争とは思わず、したがってハワイ、グアム、フィリピンでの要警戒令を発していません。この覚書がたとえ攻撃前にホワイトハウスに到達したとしても、アメリカは宣戦布告前に攻撃したとして「Remember Pearl Harbor」を唱えたに違いありません。宣戦布告は予定通り攻撃後でした。ちなみにイギリスには何の通告も出さず同時に（少し早く）攻撃しているのに、イギリスは何の苦情もいっていません。こんな覚書は必要なかったのです。

第六章　軍国日本の崩壊

「無条件降伏」とは

まず、一九四五年（昭和二〇年）八月一五日周辺について見ていきましょう。「カサブランカ会議」（一九四三年一月）、「カイロ会談」（一九四三年一一月）、「ヤルタ会談」（一九四五年二月）と対日作戦方針を協議してきた連合国側最後の会談が、一九四五年（昭和二〇年）七月の「ポツダム会議」でした。

そもそもはアメリカ、イギリス、ソ連の首脳がベルリン郊外のポツダムに集まり、「戦後ヨーロッパの措置」について話し合う会合でしたが、別途会議外で、対日終戦方針についてアメリカとイギリスが秘密に合意し、中華民国（現台湾）の蔣介石の同意を得て発表されたのが「ポツダム宣言」です。正式には「アメリカ・イギリス・中華民国三国の宣言」です。ソ連は当時、対日参戦をしておらず、作成の蚊帳（かや）の外で、発表について激怒しましたが、対日参戦時にこれに加わり「四カ国宣言」になりました。宣言は外交文書ではないので署名は不要で、アメリカ公文書館に残されている原文らしきものにはトルーマン自身の署名があるのみで、チャーチルの署名はトルーマン代筆、蔣介石は名前さえなく、スターリンの署名もありません。

その主な内容は、「日本の武装解除」「軍国主義の除去」「戦争犯罪人の処罰」「日本の領土を北海道から九州までの四島と諸小島に限定」「連合国の日本占領」「日本の民主化」「賠償責任」「日本国軍隊の無条件降伏」などです。

この最後通告ともいえる宣言は、一九四五年（昭和二〇年）七月二六日に発せられていますが、文書が日本政府に渡ったわけではありません。この宣言をラジオで知った日本政府首脳はただちに協議しますが、これを無条件降伏と取るか、なお交渉の余地のある条件講和なのか、意見が分かれてついにまとまりませんでした。

その最中の八月六日、広島に原爆投下（同年末までの死亡者数約一四万人）、八日、ソ連の対日宣戦通告、九日、最高戦争指導者会議が開かれる中、長崎に原爆が落とされています（同約七万人）。結局一〇日、昭和天皇の聖断を仰ぎ、「天皇の国家統治の大権を変更する要求を包含していないとの了解の下に」という条件をつけて、ポツダム宣言を受諾する電報が発せられます。

これに対してアメリカのトルーマン大統領は、バーンズ国務長官に回答文を起草させます。「降伏のときより天皇及び日本国政府の国家統治の権限は降伏条項の実施のためその必要と認める措置を執る連合国最高司令官に隷属する」

つまり、天皇の統治大権は制限された、ということです。

一般的には、このポツダム宣言受諾を「無条件降伏」といいますが、異論を唱える人もいます。いわく、「無条件なのは軍隊の降伏であって、形式的には天皇の大権を否定しないという条件を受け入れて降伏した」というものです。しかし、降伏する側が条件を出して、少しでも自らを有利にするという有条件ではありません。たとえば、日本による自主的武装解除とか、占領しないとか、植民地は手放さないとか、そうした条件が受け入れられたのなら条件降伏ですが、日本側が出した唯一の条件である「天皇の統治大権」の条件も結局、無視されているのですから、条件付き降伏には失敗していると見るほうが自然です。

一九四五年（昭和二〇年）八月一五日正午、ラジオを通じての終戦詔書の放送、つまり昭和天皇の玉音放送が全国民に敗戦・終戦を告げました。

それぞれの終戦——徳川夢声

かくして日本は連合国の軍政下に置かれることになりましたが、連合国最高司令官のマッカーサーが日本にやってくるのは八月末ですから、終戦の少しあとのことです。終戦直前や降伏した当日、直後の日本の様子はどうだったのでしょうか。マッカーサーがやってくるまでの間、それを少し作家たちの日記から拾ってみます。

漫談家、俳優にして朗読の達人、文筆家でもあった徳川夢声は、この時期をよく伝えてくれています。夢声はこのとき五一歳。疎開せずに家族ともども東京に住んでいました（『夢声戦争日記』）。

「二〇年七月一三日。信州宮田劇場慰問。甲府の町はスカッと焼失していた。駅は残っているが、車窓から遥か向うの山の方まで、綺麗に見通しが利く。

『戦力にえらい影響ですな』

と、若い陸軍大尉が隣席の中年の陸軍大尉に言った。こんなことでは、日本の戦力はゼロになってしまう、という意味なのだろう。その若い士官は、独り言のように『ゼロですな』と吐き出すように言った。『団栗(どんぐり)の背競べです』と、これは日本の指導者たちを評す言葉らしい。

『陸軍大学なんて、旧態依然たることをやっとるんです』

とも言った。この士官は見たところ、あまり頭脳がよさそうではないが、やはり陸大出身で、教官のようなことも手伝ったことがあるらしい話しぶりである。

『海軍があんまり早く消耗しすぎましたよ』

（中略）中年大尉が、途方にくれた態で、この戦争は何(ど)うなるでしょう、というような意味の質問をすると、陸軍大尉は、いやもう何もかもダメです、というような返事をしていた。

綺麗にB29が掃除をして了(しま)った甲府を眺め、そしてこの両大尉の会話を聴いていると、日本はまったく絶望だという気がしてくる。それでいて、私は少しも暗い気持ちになれないのである。まず、なによりも、私はこの二人の軍人に少しも敬服する点を見出せないことである。従って、こんなヘッポコ野郎共に、この大戦争の見通しがついてたまるか、という気がする」

と書いていますが、これはヘッポコ野郎のほうが正しかったわけです。

「七月二〇日。艦砲射撃もいよいよ忙しくなって来た。一七日夜日立、水戸、多賀など一時間にわたり砲撃されている。その前に室蘭も釜石も砲撃されている。さて、今度の志賀（直哉）情報によると――ソ連と重慶の軍事同盟成る。――唯一の血路と想うソ連が、敵に回っては、牛鍋の煮つまり、更に拍車をかけるわけだ」

日本は対日参戦していない唯一の大国・ソ連に仲介依頼工作を続けていましたから、そのソ連が蔣介石の重慶政府と手を組んだとなると、最後の頼みの綱も切れたのではないか、ということです。

「七月二七日。正午の放送を聞いていると、英国の総選挙で労働党が圧倒的の勝利を占め、チャーチルが失脚したとある。これで世界五巨頭のルーズベルト、ムッソリーニ、ヒットラー、チャーチルと次々に駄目になり、残るはスターリンだけになった。面白い面白い。そのスターリンが日本を如何に扱うかである。（中略）何しろ一筋縄で片づく男ではない。松岡全権と頬ぺたを押し付け合った写真など、松岡は馬鹿面しているばかりだったが、スターリンの酔った笑い顔には、甚だ以って物騒な味が含まれていた」

まだかすかな希望を繋いでいますが、夢声の直感通り、スターリンは一二日後には日ソ中立条約を破り、対日参戦してきます。もっとも四月には条約の不延長を通告し、いつでも参戦する意思を固めていました。それに気がつかない日本要路の迂闊さには驚きます。年末あたりに参戦するつもりが、アメリカの原爆投下で「終戦近し」と急いで参戦してきたのです。連合国との仲介をこの男にいくら頼んでも無駄だったのです。

最後の頼みの綱だったソ連が参戦してくると、夢声の中でスターリンが「スタ公」に格下げになります。

「八月九日。三国会談（ポツダム会談）の発表が、東亜の問題に一行もふれていないので、安心していたらとんでもない錯覚であった。（中略）――よろしい、この際、黄色人種国家を清算しましょう、あとはまたあとの問題として、とりあえず日本を滅ぼしてからです。

こんな相談がスタ公、トル公（トルーマン米大統領）、アト公（アトリー英首相）の間にとり交わされていたのだろう。

あるいはスタ公の事であるから、あとの両人など問題にせず、日本を打つのは今が一番の好機と見極めて、冷静果敢にオッ始めたのかもしれない。今のうちに、満洲あたりを占領しておいて、東亜に強力なる発言権を得ようというのであろう」

夢声のもとに「日本が無条件降伏の申し入れをする」という情報が入ったのは八月一〇日。最高戦争指導者会議が昭和天皇の聖断を仰ぎ、聖断が下されたのが一〇日の午前二時半ですから、民間人では相当早いものでしょう。ただし、実際はこの段階ではまだ天皇の統治大権だけは残すという条件付きの申し入れでした。

夢声は早くもこの一〇日には、ほかの人が八月一五日に書いたような感傷溢れる文を残しています。


「今更、誰の責任だなぞ言っても始まらない。今後、如何なる事態に立ち到っても、狼狽(あわ)てない事だけが肝要である。それにしても、あんまり早かったので、意外であった。

『お茶でも入れましょう』

と静江（夫人）は火鉢に小さな薪を燃やし、真っ黒に煤(すす)のついているアルミの薬缶をかけ、電気冷蔵庫から、ヤミの葡萄糖の塊を出し、ナイフで削った。

『お通夜だね』

と私が言った。

（娘の）芳子（原註、彼女の夫は満洲の牡丹江にあり、日本が降伏すれば、戦死はせずに済むだろうが、奴隷として使役されるかもしれない）と、静江と私の三人、笑い話をしながら、茶を啜(すす)り糖を噛んだ。あわれにも、しみじみした笑い話である。

（中略）だが、ソ連にせよ、アメリカにせよ、日本を如何に料理するか、知れたものではない。彼女たちが泣きの涙で日を送る事になるかもしれない。けれど、強いてそんな事を予告して、この上彼女たちを悲しませるでもあるまい。悲しい目にあったとき、悲しがれば事足りる」
覚悟はしていたものの、それでも終戦当日、夢声は直立不動で玉音放送を聞き、「足元の畳に、大きな音をたてて、私の涙が落ちて行った」と記しています。

それぞれの終戦――高見順、永井荷風

小説家の高見順もまた、同じような感傷に浸っています。このとき三八歳です（『敗戦日記』）。

「八月一五日。警報。情報を聞こうとすると、ラジオが、正午重大発表があるという。天皇陛下御自ら御放送をなさるという。かかることは初めてだ。かつてなかったことだ。『何事だろう』明日、戦争終結について発表があるといったが、天皇陛下がそのことで親しく国民にお言葉を賜るのだろうか。それとも、――或いはその逆か。敵機来襲が変だった。休戦ならもう来ないだろうに――。『ここで天皇陛下が、朕とともに死んでくれとおっしゃったら、みんな死ぬわね』と妻がいった。私もその気持ちだった。ドタン場になってお言葉を賜る位なら、どうしてもっと前にお言葉を下さらなかったのだろう。そうも思った。（中略）
――遂に敗けたのだ。戦いに破れたのだ。

夏の太陽がカッカと燃えている。眼に痛い光線。
烈火の下に敗戦を知らされた。
蝉（せみ）がしきりと鳴いている。音はそれだけだ。静かだ。（中略）
新聞売場はどこでもえんえんたる行列だ。その行列自体は何か昂奮を示していたが、昂奮した言動を示すものは一人もいない。黙々としている。兵隊や将校も、黙々として新聞を買っている。
――気のせいか、軍人は悄気（しょげ）て見え、やはり気の毒だった。あんなに反感を唆（そそ）られた軍人なのに、今日はさすがにいたましく思えた。（中略）
嗚呼（ああ）、八月一五日」

このとき六五歳の永井荷風は、さすがに散人らしくたんたんと受け止めています（『断腸亭日乗』）。

「S君夫婦、今日正午のラヂオの放送、日米戦争突然停止せし由を公表したりという。あたかも好し、日暮れ染物屋の婆、鶏肉葡萄酒を持来る、休戦の祝宴を張り皆々酔うて寝に就きぬ」

それぞれの終戦――山田風太郎

多感な青年期に終戦を迎え、当時、医学生でこの時代の体験と心情を記録した優れた日記（『戦中派不戦日記』など）を残している山田風太郎も、まだ二三歳。さすがにさまざまな激情にかられています。通っていた東京医専自体が疎開したので、このときは信州の飯田にいました。少しさかのぼって山田青年の心情を追っていくと——。

「昭和二〇年六月二五日。五時辰野に着く。ここで下車して二時間あまり伊那電鉄を待つ。すると、真っ赤な地の片隅に青天白日を印した旗（中華民国国旗）を先頭に、ぼろぼろの車夫の服みたいなものを着た青年、中年、老年の一団——四、五〇人の男が駅前に整列していた。しゃべっているのは支那語である。どうやら支那兵の捕虜のようだ。（中略）本土決戦に備え、信州の山岳地帯に要塞線が構築中であるという。かれらはその工事に使役されているのではあるまいか。

戦争に負けると、ああなる。敗戦というものは決して甘いものではないことを、腹の底から痛感した」

「七月二八日。厨川白村（くりやがわはくそん）『象牙の塔を出て』を読む。実に癪（しゃく）にさわる話なれども、白村の慧眼（けいがん）なるを容認せざるを得ざるふしもあり。（中略）

『日本人が宣伝に拙だったと評した人があるが、思想のない者が何を宣伝するのであろうか。宣伝しようにも宣伝する思想がないではないか』

然り。八紘一宇、何ぞ他民族に対して不可解の思想なるや。日本人たる余にもよくわからず。況や、他民族をして信ぜしむるをや。ただし、理想の旗の文句はどうでもよし。要は力なり。武力なり。これ本次大戦により吾らが得たる悲痛なる最大の真理なり」

「七月三一日。(中略)日本をこの惨苦に追い込んだものは何であるか? それは決して物量などではない。それは頭だ。それはこの頭なのだ!

日本医学がなんで世界の最高水準などにあるものか。下らないひとりよがりの自惚れはもうよそうではないか。日本医学は決して西欧医学の水準には達していない。医学ばかりではない。工学でも物理学でも科学でもそうである。その例はあのB29に見るがよい。日本中の都市という都市が全滅してゆくにもかかわらず、なおあの通りB29の跳梁に委せているのは、物が足りないのではない。あれが出来ないからだ」

「八月六日。(中略)ドイツ処分案過酷を極む。トルーマン、チャーチル、スターリンの三人は、人間の馬鹿の標本である。そう思うと実に人類の滑稽を感じるが、しかし、現実に第二のドイツと目されている日本を思うとき、決して笑いごとではない。滑稽なる喜劇であればこそ、敗北せる当事国はいっそう悲惨な、戦慄すべき状態となる。決して敗けられない。況や降伏をや。降伏するより全部滅亡した方が、慷慨とか理念とかはさておいて、事実として幸福である」

降伏発表の前日、八月一四日。信州飯田にはまだ無条件降伏の情報は届いていないようです。

「八月一四日。日本人はもう三年辛抱すればよいのだ。もう三六カ月、もう一千日ばかり殺し合いに耐えればいいのだ。

敗北したときのことを思え。

皇室の存続は疑問である。それ以上に不敗の歴史に瑕（きず）をつけ、永遠の未来にその痕跡を残す。さらに百年たってもなお幕末の日本以下の日本たらしめるべく徹底した外科的手術が施されるであろう。

敗北直後の状況こそ悲惨である。

吾らの将軍は戦争犯罪人として断頭台上に送られるであろう。数百万の兵士は、敵の復興工事に奴隷として強制就役せしめられるであろう。婦女子は無数に姦せられるであろう。軍備はすべて解除され、工業はことごとく破壊されるであろう。（中略）

南洋、太平洋諸島、ビルマ、マレー、昭南（シンガポール）、仏印、台湾、満洲、蒙古、朝鮮、樺太はすべてを失い、そこから追い返された日本人は、さなきだに人口過剰の本土に加わり、あたかも盆上の蝗（いなご）のごとくひしめき合い、恐るべき飢餓地獄に陥るであろう。（中略）

これを思えば、あと三年の辛抱が何であろうか？」

山田青年、なかなかに鋭い直感です。そして終戦当日。感情が昂ぶりすぎたせいなのか、ただひと言しか書いていません。

「帝国ツイニ敵ニ屈ス」

翌一六日に前日の模様が詳しく書かれています。いくつか印象的なものを拾うと——。

「中華民国留学生数人あり。その態度嘲笑的なりと悲憤し、酒に酔いて日本刀まで持ち出せる男あり。Kのごとき、真剣にこれを考えて余に手伝えという。断る。せめて死骸の始末を手伝えという。断る。悲憤の向けどころが狂っているなり」

一五日午前の授業中に、こっそりと学生間に「休戦？　降伏？　宣戦布告？」どれかに○をつけろという紙が回され、山田青年、宣戦布告に○をつけます。

「今日の重大発表は天皇自らなさるということをきいていたからである。これは大変なことだ。開闢（かいびゃく）以来のことだ。そう思うと同時に、これはいよいよソ連に対する宣戦の大詔であると確信した」

八日のソ連の宣戦布告（攻撃開始は九日）に対して、それまで日本は反応していませんでしたから、この可能性はゼロではなかったわけです。そして正午、玉音放送を聴きます。

「その一瞬、僕は全身の毛穴がそそけ立った気がした。万事は休した！　額が白み、唇から血が引いて、顔がチアノーゼ症状を呈したのが自分でも分かった」

さすがに若さというのはすごいもので、この日には将来のことを考えはじめています。

「政府は誰が作るのか。近衛公が立つであろうという話が出る。配給制度はどうなるであろうか。一応統制は続くであろう。恐るべきは食糧問題である。駐屯軍が食い荒らす。現物賠償の中に今秋の収穫物が加えられれば、さなきだに飢餓状況にある現在である。いかなる状態になるか肌に粟の生ずる思いがする。（中略）

吾々はどうなるのか？『まず教練がなくなる』といった奴があって、こんな場合にみな笑った。

（中略）

国民学校、中等学校は教科書の大改訂からはじまるであろう」

それぞれの終戦――大佛次郎

歴史小説家の大佛(おさらぎ)次郎は、このとき四七歳、鎌倉に住んでいます。何より軍人をはじめ人々がどんどんすさんでいくのがたまらなく嫌だったようです。「嫌な話ばかりである。正直生きていることに悔いはない。餓死してもいいと思う。夫婦野垂れ死にも結構である」（『大佛次郎敗戦日記』）などと書いています。

「八月七日。過日永井龍男（小説家、文藝春秋社専務）が荷風を読みなおしたが人の称賛するほどの文学とは信じられぬという。永井君ほどものわかりいい人物もやはり自然ときびしい目で物を見るように成っているのも時代である。田中延二も膝栗毛を読み腹が立ったと云う。つまり大なり小なり真面目な素質のある人は寛容の心を知らずに痩せさせてきたのだ。他の不真面目の徒は別である。真面目な人たちの間では文学に遊びは許されなくなった。この傾向は際立っていて、さて遊びを無くした文学は官製の骨だけのものだけで人を動かす力を失くしている」

最後まで文学者の心をなくすまいという決意のようです。

「八月八日。広島爆撃に関する大本営発表が朝刊に出ている。例の如く簡略のもので『損害若干』

である。今度の戦争でV1号（ドイツ発明のロケット）とは比較にならぬ革新的新兵器の出現だということは国民は不明のまま置かれるのである」

大佛次郎はこのときすでに大家で、さまざまな人との交流がありましたから、おそらくかなり正確な情報が入っていたと思われます。

「八月一四日。夕刻、岡山東（三社連盟）来る。いよいよ降伏と決まったので記事を書いてくれという。書けぬと答えたが遂に承知」

そして、八月一五日。

「――覚悟しおりしことなるもそこまでの感切なるものあり。（中略）午後感想を三社連盟の為書く。興奮しておらぬつもりだが意想まとまらず筆を擱（お）くやへとへとなり」

「八月一六日。驚いてよいことは軍人が一番作戦の失敗について責任を感ぜず、不臣の罪をしらざるが如く見えることである。軍隊の組織というのが責任の帰するところを曖昧にしているその本来の性質に依るものであろう。戦争に負けたのは自分たちのせいだということは誰も考えない。悲憤慷慨して自分はまだ戦う気でいるだけのことである。（中略）不臣の罪を自覚し死を以って謝罪すべきものは数知れぬわけだがその連中はただ沈黙している。東条など何をしているのかと思う。レイテ、ルソン、硫黄島、沖縄の失策を現地軍の玉砕で申訳が立つように考えているのなら死者に申訳ない話である。人間中最も卑怯なのが彼らなのだ」

八月二三日にも興味深い話があります。

「高見順の話。尾崎士郎（作家、陸軍宣伝班員）さだめしくやしがっているかと思うと、『現実を見ることだ』としゃあしゃあとしている。一般の文士を非国民の如く攻撃せし者がかかる態度は怪しからぬと息巻く。戸川貞雄（作家）は敵の来る厚木へ行って腹を切らねばならぬと云ったそうで、この方が馬鹿なりに可憐に見えると談」

「現実を見ることだ」とは、いうもいったりという気がしますが、人それぞれに、この未曾有の出来事を受け止めていかなくてはなりませんでした。

日本の領土は「本州、北海道、九州、四国と諸小島」

対日終戦処理の最も大きな課題として、日本に対する領土制限が行なわれました。一九四三年

（昭和一八年）一一月のカイロ宣言で、南洋群島、台湾、朝鮮が切り離されることになり、そのほかに「暴力及び貪欲により略取した一切の地域より駆逐される」という、なんとも曖昧な条項も付け加えられました。暴力及び貪欲により世界各地を切り取ってきたアメリカとイギリスがそういったのですから、説得力があるといえばあります。

一九四五年（昭和二〇年）二月のヤルタ秘密協定で樺太、千島列島の切り離しが内々に決められ、六月の沖縄戦で沖縄が切り離され、七月のポツダム宣言で「日本領土は本州、北海道、九州、四国と米・英・中の決定する諸小島」と定められました。

一九四五年（昭和二〇年）九月二二日の「降伏後における米国の初期の対日方針」で、「日本の主権は本州、北海道、九州、四国並びにカイロ宣言及び米国がすでに参加しまたは将来参加することのあるべき他の協定により決定せらるべき重要ならざる付近島嶼に限られるべし」とされ、その後、一九四六年（昭和二一年）一月に「行政権排除命令」が出され、具体的にその諸小島が決定されます。

日本から除かれる島は、鬱陵島、竹島、済州島、北緯三〇度以南の琉球諸島、伊豆、南方、小笠原、硫黄群島、及び大東群島、沖ノ鳥島、南鳥島、中ノ鳥島を含むその他の外郭太平洋全諸島、千島列島、歯舞群島、色丹島でした。

「伊豆、南方」というのは伊豆諸島のことのようです。千島、歯舞群島、色丹はソ連が占領している事実を是認したものでしょう。三〇度以南の琉球列島のうち奄美諸島、トカラ列島、宮古諸島、八重山諸島は米軍が上陸もせず、したがって交戦もしていなかったにもかかわらず、一片の紙切れだけで支配することになりました。

中ノ鳥島という存在しない島の名前まで登場しています。驚くのは、もともと朝鮮の一部だった済州島、鬱陵島の名前まで出てくることで、朝鮮とは別物と思っていたのでしょうか。奄美、トカラが日本から外される理由はありませんが、もともと琉球のものだった島々、という位置づけだったのかもしれません。

時の日本政府がまったくの予想外だったのが、伊豆諸島と竹島の切り離しで、無人の竹島については日本側は何の質問もしていませんが、伊豆諸島に関しては若干の抵抗を示しています。伊豆諸島は東京都の一部で地理的にも近い。島の官吏の給料は東京本庁から出ており、都庁出身者をはじめ、警察官など計一七〇人もいる。彼らの給料は誰が払うのか。伊豆諸島には中学校はないが、希望すれば日本の中学校に進めるのか。食糧や消費財が底をついているのでそちらで配慮してほしい、等々、占領直後にしては粘り強くＧＨＱに質問し、結局、食糧や給料のことなど面倒になったのか、数週間後、ＧＨＱは理由をいわず伊豆諸島を占領対象から外しました。

この間たった数週間ですが、島外との交通通信が途絶し、伊豆大島では民主憲法を制定して新政府を置こうとか、三宅島では委員制統治施行の準備をしたりと大混乱に陥りました。一方、気がつかないで何もしなかった島もありました。

ごちゃごちゃいえばなんとかなるのだったら、ほかの地域に関しても食い下がってみればよかったのにと、いまならそう思ってしまいます。

北方領土・竹島問題

その他の地域に関して、少し詳しく見ていくと――。

樺太は、ポツダム宣言で日本から切り離されることが明示されました。その後、サンフランシスコ条約で日本は樺太を放棄しましたが、どこに樺太を引き渡すかは定めていません。しかもソ連は同条約に調印していませんから、法理的にはソ連帰属になったわけではありません。

千島列島はもともと、北海道根室支庁の国後郡、択捉郡、紗那(しゃな)郡などに属する島嶼であり、内地諸地域と行政的にも異なるところはなく、純然たる北海道の一部でした。ですから当然、ポツダム宣言でいう本土に属する「諸小島」に含まれるものと思っていたところ、樺太とまったく同じ経緯でソ連領に編入されてしまいました。

サンフランシスコ条約で、日本は樺太とともに千島列島を放棄することが明記されました。ただこのサンフランシスコ会議のとき吉田茂全権は、千島列島は平和的な方法（樺太千島交換条約）で日本領になった経緯を述べています。吉田全権の演説に、「日本本土たる北海道の一部を構成する色丹島及び歯舞諸島」という表現があり、以後、北方領土を語るとき、「二島先行返還論」の根拠としてよく使われましたが、本来は千島列島全部が日本の本土たる北海道の一部を構成するのです。

歯舞と色丹に至っては、いかなる意味でもその千島列島にも属しません。地理学的には納沙布（のさっぷ）岬の延長で、国制でも当初は千島国ではなく根室国花咲郡でした。

ですから、千島返還をいうなら、歯舞と色丹の二島返還は当然として、筋としては千島列島全体の返還をいわなければならないところです。四島返還論は、「全部を返せといっても無理だからこのくらいなら」という妥協の産物なのです。

ソ連軍はヤルタ秘密協定を無視して歯舞及び色丹を占領、一九四六年（昭和二一年）にこの二島への日本の行政権停止がアメリカから指令されたときに、「ここの軍事占領はアメリカの承認を得た」とソ連は考えたはずです。このとき非武装の日本はとくに抗議もできません。一九五六年（昭和三一年）の日ソ共同宣言で国交は回復しましたが、「領土問題は日ソ（日露）平和条約締結まで交渉を継続する」としたままになっています。

竹島は、講和条約案審議中、ラスク書簡によって日本領と決定されましたが、一九五二年（昭和二七年）、韓国が領有宣言を行ない、日本は抗議。日本はその後たびたび抗議し、国際司法裁判所への付託提議を提案していますが、韓国はこれを拒否しています。

「米ソ対立」と賠償

敗戦に付き物なのが領土制限ともう一つ、賠償問題です。ポツダム宣言にも「日本には実物賠償の取り立てができる」とあり、賠償も降伏の前提になっていました。

アメリカはさまざまな人物を日本に派遣し、多くを取り立てようとしますが、一九四六年（昭和二一年）末には少しずつ厳しい制裁から後退していき、最終的には大幅に縮小させています。

結果的には、敗戦国日本に対して全体として寛大な賠償で済んだといえますが、その背景には米ソ対立が深刻化する中で、アメリカが共産圏に対抗するため日本経済の安定を強く推進したという事実があります。サンフランシスコ条約の際にもアメリカは、賠償問題に関して全体会議方式を採用せず、各国と個別交渉方式を採ることで、この難しい問題に自らの意向を反映させました。

賠償請求権を放棄した国に、中華民国、ソ連、中華人民共和国、インドがあります。

ただソ連は放棄したといっても、米中の抗議を無視して満洲、北朝鮮から多大の実物賠償（発電所や軍需工場など）をごっそり持っていきました。本来、協定上は、満洲は中国に帰属するとされていたのです。

またソ連は数多くの日本軍将兵をゆえなくシベリアに連れ去り、強制労働をさせました。対日参戦期間一週間でこの成果ですから、高効率です。

ソ連のことはともかく、このように結果的に賠償金は日本政府の粘り強い交渉もあり、さほど高くはならず、またインフレもあり、経済復興もあり、支払いもさほど苦労することなく終わりました。

　これら戦時賠償と、それ以後の経済援助には、つねに黒い噂がつきまとったことも事実です。たとえば現物賠償の際、安く手に入れた物に対して、日本側・相手側ともに暗黙の了解の上、法外な算定価格をつけ、差額を日本の政治家と現地の大統領とが分け合うといった手法でした。対インドネシアではいまも大物Kの名前が囁かれています。

第七章　連合軍の日本管理と解体

厚木に降り立ったマッカーサー

六五歳の老兵、マッカーサーが、彼のトレードマークともいえるコーンパイプをくわえて、おそらくは写真に撮られることを充分に意識して颯爽と厚木飛行場に降り立ったのは、一九四五年（昭和二〇年）八月三〇日です。

この日、マッカーサーは、日本上空に差しかかったときには居眠りをしていたといいます。富士山が見えたとき、同行していた幕僚ホイットニー准将がマッカーサーを起こすと、「富士山はやはりいいね」といい、また眠りについたというエピソードが残っています。「大任を控えても昂ぶりもせず、リラックスして日本に降り立った」といいたいのでしょうが、マッカーサーは伝説づくりの達人でもありましたから、事の真偽はわかりません。「震えていた」という証言もあります。

事前に「厚木に日本政府接客者は必要なし」と断わる一方で、各新聞社から記者、カメラマンと、ニュース映画の撮影者を集合させました。そして、まるで千両役者のように、丸腰で、サングラスをかけ、悠然と飛行機から降りてきました。

先着していたアイケルバーガー第八軍司令官が出迎えると、握手をしたのち記者団に向かい、「メルボルン（日本軍に追われフィリピンからオーストラリアに逃亡していた）から東京まで、思えば長い道のりだった。しかし、ついにわれわれはここまで来た。日本側の武装解除は何ら血を見ることなく、すでに終わった」と見えを切りました。屈辱のフィリピン・コレヒドール脱出行からここまで、四年もかかっていますから、この感慨に嘘はないでしょう。ただし、武装解除のほうは、このときまだ関東だけでも完全武装の日本軍が二〇個師団以上ありました（全体では六〇〇万人の陸軍が待機、海軍はなお世界第三位の戦力を保持していた）。

さて、マッカーサー降臨のこのとき、日本人はどのように感じていたのでしょうか。興味深いことに、こののち神の如く日本に君臨するマッカーサーの進駐の日より、安全を確かめるためその二日前にやはり厚木に入ってきた先遣隊のほうが日本人には印象深かったようです。のちの過酷な改革とその影響のため、現代人たちは「マッカーサー進駐の日がすべてのはじまり」と錯覚しているのかもしれません。

アメリカ軍先遣隊と交渉中の有末精三陸軍中将

一九四五年（昭和二〇年）八月二八日、先遣隊司令官のテンチ大佐、パワーズ少佐などが厚木に降り立ち、有末精三陸軍中将が出迎えています。厚木は最も戦意旺盛な首都防衛の海軍航空隊の基地で、ほんの数日前まで、降伏を認めない若いパイロットたちが「本土決戦」と書いたビラを東京や横浜で空から撒いていました。

厚木に降り立ったテンチは長身で、出迎えた有末は小柄な体で懸命に胸を張りますが、どうしても相手の顔を見上げなければならず、アゴを突き出したような変な格好になったといいます。これ以降、しばしばそんな光景が見られ、日本人がそういった写真を見るたびにがっかりするという、占領・被占領、勝者・敗者の象徴的構図のはじまりでもありました。

ちなみに、厚木に先遣隊が到着して日本側が一番驚いたことは、「飛行機の腹から次々とジープが降ろされてきた」ことだったといいます。

大佛次郎は八月二八日に、「米軍機がさかんに飛び回る。厚木に進駐したのである」と書いていますが、三〇日と三一日の日記に米軍やマッカーサーの名前は出てきません。

徳川夢声も二八日に次のように記述していますが、三〇日の日記にはマッカーサーの名はありません。


「本日、マッカーサーの部隊第一陣が、本土進駐神奈川県厚木に空からやってくるので、これらの飛行機は朝早くから、監視と示威とをかねて帝都上空を飛び廻っている訳だ。本来ならば、これらの飛行機に対し、私どもは切歯扼腕（せっしやくわん）、拳（こぶし）を振り上げて、憎悪の瞳で白眼（にら）みつける場合であろう。

それがどうだ。都民の平静なる！　平静どころか、吾家の娘たちは、大いに喜んでいるかのような態度で、これを迎えているのだ。

平静の一人であった私も、この笑い声を聴いた時、少し厭（いや）な気持ちがした。何故彼女たちは、嬉しそうなのであるか、考えてみた。

A、まず何よりも戦争終結ということで、彼女たちの憂愁が払いのけられていること。
B、戦争というものが彼女たちにハッキリ判っていなかったこと。
C、従って敵愾心なるものが、もともとそんなに根強いものではなかったこと。
D、そこへもってきて、一五日以来新聞その他の論調が、敗けたことを素直に認め、寧ろ進駐軍を大切に迎えよ、という風になっていること。

いろいろと、それらしき理由は沢山あるようだ。ところで、も一つ、大きな理由があるのである。

E、娘らしい単純さで、アメリカの大型飛行機を、憧れ迎える、ということ。

（中略）ここが、若い人と老人との差であろうか？　若人に比べると老人の方は、頭の切り替えが難しい、という一つの例なのであるか？　或いは若い人は老人よりも軽薄なり、という一つの例なのであるか？」

普段、歯切れのいい夢声が、延々と老人の繰り言にも似たグチをこぼしています。

長野の飯田にいた山田風太郎青年も、マッカーサーの名は記していません。八月三〇日に進駐軍の記述がありますが、それは二八日の先遣隊のことです。

「厚木飛行場に着陸した米将校を出迎えているわが有末委員長の敬礼しているみっともない姿。今日の新聞にのった写真のこの惨めな醜態から当分の日本の生きていく路が生ずるのである。敵進駐軍はお世辞もいわなければ恫喝もしない。ただ冷然として無表情な事務的態度であるという。両者のいずれかを期待していた国民は、この態度にあっけにとられ、やがて恐怖を覚えるであろう。最も恐るべきはこの敵の態度である。新聞論調徐々ながら明白に、あたかも階段を一段一段下るがごとく日々変ってゆく。石原莞爾将軍のいうように、日本人は精神的に、加速度的に屈辱のどん底まで叩きのめされるであろう」

これは先遣隊が到着し、有末中将が「お疲れでしょうから、話は少し休んでからにしましょう」と申し出たとき、テンチ大佐は「いや、すぐに事務の打ち合わせをしよう」と、一切のセレモニーを抜きに話に入ったことを指していると思われます。日本人とはまったく違うと山田青年は恐怖を感じたようです。

米兵による自動車強奪事件

先遣隊が入って早くも三日後には、進駐軍による強盗事件が発生しています。

一九四五年（昭和二〇年）八月三一日、夜。大蔵省主税局長の池田勇人、大日本麦酒（現アサヒビール）常務の山本為三郎が、大蔵次官を辞めたばかりの田中豊を誘い、銀座の牛鍋屋で送別会を開いたあとのこと。三人の乗る車が日比谷の交差点で米兵に止められます。手には大型拳銃を持っており、「降りろ」といわれ、三人と運転手、そして助手席にいた大蔵省課長の前尾繁三郎はすぐに降ります。代わって米兵たちが乗り込み、猛スピードで走り去りました。

池田は交番の警察電話を使って警視総監の坂信弥に、この大蔵省の自動車の捜索を依頼しますが、警視総監の返事はにべもないものでした。

「池田君、命あってのモノダネだぞ。自動車どころではない。俺の首もいつ飛ぶかわからん。電車で帰りたまえ」

米兵が三々五々、横浜や横須賀からジープに乗って東京見物にやってきたのは、八月三〇日のことだったそうです。さすがに敵の首都圏に一番乗りする緊張があり、自動小銃を肩にかけていました。それらの兵士たちを、人々は遠くから、もの珍しそうに眺めていたといいます。その翌日に、堂々と大蔵省の車が盗られたわけです（二カ月後、警視総監の坂はマッカーサーから追放された）。

このとき国民が最も不安に感じていたことが、そういった略奪と、米兵による婦女子に対する暴行です。若い女性の中には鍋墨を顔に塗るために用意したり、髪を短くして女とわからないようにしたりする人も現われました。イの一番に進駐してきた横浜界隈からは大量の避難民が流れ出し、京浜国道にひしめき合ったといいます。田舎に逃げ出そうと上野駅や新宿駅も疎開騒ぎのときのような混雑だったそうです。

政府も心配して、当局談を発表しています。

「米兵もむやみに女性に対して悪ふざけをするとは思えないが、用心するのに越したことはない。日本の女性はとかく意味もないのに愛想笑いするクセがあるが、それがつけ込まれるもとである。ものを聞かれてもいたずらに、イエス、などと返事してはいけない。日本女性の誇りをもって毅然たる態度で応対せよ」

心配したほどではなくても、やはり強姦事件は起きていますし、その防波堤をつくろうという動きも起きてきます。

武装解除の実態

日本に乗り込んできたGHQが真っ先に行なったことは、当然の如く武装解除です。

一九四五年（昭和二〇年）九月二日には、「軍隊は完全に武装解除し、指定の場所に一切の兵器及び装備を現状のまま、かつ完全にして良好なる状態において引き渡すことを命じる」としました。引き渡し先は米軍ばかりではなく、武装のあった場所によって違いました。

中国、台湾、北ベトナムは蔣介石軍に。

満洲、三八度線以北の朝鮮、樺太、千島列島はソ連軍に。

ボルネオ、ニューギニア、ビスマルク諸島、ソロモン諸島はオーストラリア軍に。

南ベトナム、タイ、ビルマなど東南アジアはイギリス軍に。

日本本土、沖縄、三八度線以南の朝鮮、フィリピンなどは米軍に。

武器の多さでいえば、日本本土分、中国、満洲の順でしょう。

警察官は武装解除の適用を免れ、民間の航空機、商船は、追って通告あるまで現状維持とし、一般国民の所有する武器を収集し引き渡す準備をすべし、と命じられます。

民間人の武器については九月、内務省から民間の刀剣所持禁止が通達され、一〇月にはGHQが市民所有の拳銃、小銃、刀剣などの取り上げを指令します。しかし、日本国民もなかなかしぶとく、あまり価値のない刀剣を一本差し出して、あとは知らんぷりという人も多かったようです。ただ翌年には美術品たる刀剣の所持許可を出し、取り上げの緩和を図っています。

将校は、軍刀は自己調達でしたから、何本も持っている人もいたはずですが、それを徹底的に調査するということはありませんでした。戦場でさんざん日本軍の斬り込みに悩まされた米軍ですから、日本刀に武器としての価値を認めていたはずですが……。

敗戦後になくなったものは？

武装解除と並行して行なわれたのが、戦前日本の解体です。

自然消滅したものもたくさんありますが、一応それらも正式な手続きを踏んで廃止されています。

軍関係では――。

最高戦争指導者会議、大本営、陸軍省、海軍省、帝国在郷軍人会令、陸軍現役将校学校配属令、兵役法など。

一九四六年（昭和二一年）中に廃止になったものは――。

軍人恩給、学校教練、入営者職業保障法、陸軍兵事部令、軍管区令、軍隊内務令、陸軍懲罰令、艦船令、傷兵院法、陸軍武官官等表、海軍将校分限令、陸軍志願兵令、軍用電気通信法など。

治安関係で廃止になったものは――。

不穏文書臨時取締法、言論出版集会結社等臨時取締法、治安維持法、思想犯保護観察法、治安警察法、保安法など。

一方、日本の統治機構そのものも廃止、変更を余儀なくされています。

一九四五年（昭和二〇年）、大東亜省、軍需省、農商省、内閣情報局、内務省防空総本部、技術院など。強大な力を持った内務省は一九四七年（昭和二二年）末に全面解体されました。

学校も、廃校に追い込まれたものがいくつかあります。士官学校、兵学校などは軍自体がなくなったのですから当然として、アジア語学の専門学校、武道専門学校、航空関係専門学校、神宮皇学館大学、各大学の航空・造船・造兵学科が廃止。ただ旧植民地の学校は廃校にはならず、新政権により維持、発展されています。

国家神道関連も廃止、禁止になったものがあります。内務省の神祇院は廃止。文部省作成の教材『国体の本義』『臣民の道』の禁止。「大東亜戦争」「八紘一宇」などの語句の停止。公的施設における神棚等の禁止などを行なっています。

枢密院は、日本国憲法施行（一九四七年五月三日）により存在の根拠を失い、廃止になっています。枢密顧問官は自らを廃止する憲法審議にも参加し、大多数の賛成（反対したのは、憲法改正にも反対した美濃部達吉顧問官だけ）で、円満廃止となりました。

枢密院は、戦前の政党政治時代には内閣・議会に過酷に対処し、軍人内閣の時代には何ら異議を唱えることもなく、戦後もGHQに対して異議を唱えることは皆無で、その存在自体に意義を見出せないものになっていました。むしろ新憲法審議に参加できたこと自体、不思議とされる組織です。憲法改正まで残ったのは、GHQがこれを無害無益な組織として、早期廃止・停止の対象にしなかったからでした。

なお戦前から評判の悪かった貴族院も、憲法改正で廃止になりました。

芝居、映画、マスコミに対する検閲

芸能、マスコミ関係も、占領の影響を受けています。

芸能では「忠臣蔵」などを民主主義的脚本にするように指令、とくに「菅原伝授手習鑑（てならいかがみ）・寺子屋の段」は反民主主義的として上演禁止にしました。

「菅原伝授」は人形浄瑠璃（じょうるり）や歌舞伎の演目で、歌舞伎では「義経千本桜」「仮名手本忠臣蔵」と並ぶ三大演目の一つです。

お話はなかなか込み入ったものです。平安時代、昌泰（しょうたい）の変で失脚した右大臣・菅原道真は、政敵・藤原時平により大宰府に左遷となります。時平は道真の嫡男・菅秀才（かんしゅうさい）も亡き者にしようと謀りますが、道真の弟子・源蔵がかくまいます。一方、道真の家臣だった四郎九郎には三人の子があり、次男の松王丸は時平に仕えていました。

「寺子屋の段」とは、寺子屋を開いていた源蔵のところに時平の手が忍び寄ってくる名場面です。菅秀才の身代わりに幼い小太郎が立てられ、殺されます。その小太郎は、実は松王丸の子供でした。主君のために自分の子供を差し出した松王丸は必死に涙をこらえてこういいます。ここが最大の見せ場です。「女房よろこべ、せがれは役に立ったわい」。日本人なら無条件に紅涙をしぼるところでしょうが、こうした精神が軍国主義に繋がるとして、上演禁止になりました。

そのほかにも、鬼退治に行く「桃太郎」は報復を是認するもの、「猿蟹合戦」は戦いを正当化するものと見なされ禁止されました。

映画も、二三六本が上映禁止になっています。「ハワイ・マレー沖海戦」「肉弾挺身隊」「五人の斥候兵（せっこうへい）」などの戦記物、「宮本武蔵」「薩摩の密使」「決闘般若坂（はんにゃざか）」「日本剣豪伝」などの時代劇が中心です。

日本側は嘲笑気味に、「チャンバラ禁止令」といっていました。

マスコミに対する検閲は、一九四五年（昭和二〇年）九月一〇日の「ニュース頒布についての覚書」からはじまりました。「真実に反しまたは公安を害するような事項を掲載してはならない」「日本の将来に関する議論はさしつかえない」など四カ条で、検閲基準がかなり曖昧なものでした。そこで九月一九日に、以後日本の新聞、雑誌を支配し、最高の「法規」となった、悪名高き言論活動取り締まりのプレスコード（新聞規約）を発表、それは一〇カ条ありました。

主なものは、「直接間接を問わず、公安を害する事項は掲載してはならない」「連合国に対して、事実に反し、またはその利益に反する批判をしてはならない」などです。罰則規定は書いてありませんが、違反すれば発行停止、軍事裁判にもかけられる、というものでした。

面白いことに、占領初期の頃は、旧体制下の日本もまだ生きていました。一九四五年（昭和二〇年）九月二九日に掲載された有名な「マッカーサー・天皇写真」は日本側によって発禁処分にされています。なぜそうしたかといえば、この写真は前々日、昭和天皇がアメリカ大使館にマッカーサーを訪ねたときの写真で、長身のマッカーサーがいかにも戦勝国の征服者然としているのに対して、小柄でやや緊張した昭和天皇の姿が「皇室の尊厳を損なうもの」とされたからです。確かに、多くの国民ががっかりしたという衝撃的な写真ではありました。

この日本政府の処分を知ったGHQはただちに「新聞映画通信に対する一切の制限法を撤廃の件」という覚書を出し、戦前、戦中にあった言論統制に関する法規を消滅させ、全国紙にその写真を無理やり掲載させました。

治安維持法も同様のケースで即時廃止になりました。ロイター通信の特派員が時の内務大臣・山崎巌にインタビューし、その中で山崎が「政治形態の変革とくに天皇制の廃止を主張する者は、治安維持法によって逮捕する」と語り、これが問題になったのです。即刻GHQは「政治犯の即時釈放」「思想警察その他一切の類似機関の廃止」「内務大臣及び警察関係首脳部その他日本全国の思想警察及び弾圧活動に関係ある官吏の罷免」「市民の自由を弾圧する一切の法規の廃止または停止」との通告を矢継ぎ早に出します。

こうしたことが続き、いよいよGHQは言論統制に乗り出します。新聞・出版物に対する検閲は一九四五年（昭和二〇年）一〇月五日から一九四八年（昭和二三年）七月まで、三年間も続きました。

検閲、カットされた主な記事は後年、次のように分類されています。「米兵の強姦事件」「米兵の私行に関し面白からぬ印象を与える記事」「連合国の政策を非難する記事」「連合国間の対立不和を示すもの（最初はソ連の悪口を書いた文章は全部切られたが、一九四六年からは緩和）」などです。

その検閲の手順は、このようなものでした。まず新聞や雑誌の記事の校正刷りをＧＨＱ検閲課に出させ、英語のできる日本人や日系二世などに翻訳させ、これを検閲将校が読む。削除、訂正箇所を指示し、翻訳者がさしさわりのない言葉に置き換える、というものです。

なんのことはない、従来の内務省による検閲と同じことをやったわけです。しかし、ＧＨＱが巧妙だったのは、かつて日本は伏せ字にするという稚拙な方法を採りましたが、ＧＨＱは削除した同じ字数を別の言葉で埋めて、検閲の跡を残さなかったことです。

占領軍が検閲のために集めた新聞・雑誌は厖大な数に及び、学校の文芸誌、学校新聞、組合のビラなどにまで手を伸ばしています。一九四五年（昭和二〇年）から一九四九年（昭和二四年）までに収集したものは一二万タイトルに及び、ＧＨＱのゴードン・プランゲという人がアメリカのメリーランド大学に移し、「プランゲ文庫」として公開しました。非常に貴重なものですので、日本の国会図書館がこれをマイクロフィルムに収め憲政資料室で公開していますが、これを利用できるように目録をつくったのは早稲田大学の山本武利教授のグループです。

検閲は郵便物や電報にまで及んでいます。各地の検閲支局は郵便局から個人の信書を抜き取り、開封して検閲し、不都合がなければ「検閲済」の封緘テープを貼って配達に回し、不都合なものは差出人に戻すか、没収するということを堂々と行ないました。検閲の事実を隠さなかったのは威嚇効果を狙ったものですが、「日本人の真の声を知って占領政策に生かすのが検閲の目的だった」という研究者もいます。しかし実際に威嚇効果があったのですから、真の声は聞きがたかったのではないでしょうか。ほかに電報検閲、電話傍受も行ない、こちらは一九四九年（昭和二四年）まで、四年間も続きました。

最大の変革「新憲法制定」

最後に「戦前日本」解体の本丸、新憲法制定について述べておきます。

今日まで憲法改正の経緯は多く語られていますが、まず、それをできるだけわかりやすくまとめてみましょう。

最初にマッカーサーから直々に憲法改正を依頼されたのは、東久邇宮（稔彦王）内閣の近衛文麿国務大臣で、一九四五年（昭和二〇年）一〇月のことです。

ただ、東久邇宮内閣が総辞職したため、近衛文麿は新たに内大臣御用掛として宮中に入り、母校である京都帝国大学系の学者を集めて改訂作業を続けました。近衛はＧＨＱのアチスン政治顧問に会い、改正要望点を聴取しますが、「宮中が憲法改正作業をすること自体が不適切」との批判が出ます。さらに、アメリカ国内から「近衛は戦争責任者である」との指摘が出て、責任が及ぶのを恐れたマッカーサーは「近衛公の勝手な思い込み」と手の平を返します。無関係というなら、アチスンが要望点を近衛に述べるのは変です。

アチスンはのちにこのことで責任を追及されます。その後も近衛は作業を続け、作成した憲法草案を天皇に奏呈しました。のち、近衛は戦犯容疑逮捕前に自殺。葬儀の日、その内容が新聞にスクープされています。アチスンの改正要点をほぼ取り入れた、内閣案より思い切った内容のものでした。ちなみに山田風太郎青年は、一九四六年（昭和二一年）一月一二日に憲法改正問題をこのように日記に書いています。

「近衛公が憲法改正の事に当って、天皇の地位云々を語ったとき、臣下として不倫僭越なりとして新聞は痛撃した。彼が死んだとき、その改正案を見て、未だ天皇制に恋々たるものあり古しと新聞は評した。時流の激流を思うべきである。一体どうなることやら」

一方、マッカーサーは同じく一九四五年（昭和二〇年）一〇月に東久邇宮内閣の後継、幣原（喜重郎）内閣に「五大改革指令」とともに憲法の自由主義化の必要性を説き、内閣は松本烝治国務大臣を主任とする「憲法問題調査委員会」を設け、研究に着手します。

こちらは東京帝国大学系の学者を集め、改正が必要かどうかから検討をはじめますが、改正不要論が大勢を占め、天皇主権、軍備保持という、一般的に「松本案」と呼ばれる案を固めます。この案が一九四六年（昭和二一年）二月一日に毎日新聞にスクープされ、ＧＨＱは失望したといいます。毎日記者の大森実が後年、ＧＨＱ民政局のケーディス次長にインタビューしていますが、「新聞で見るまでまったく知らなかったので仰天しました。ポツダム宣言を満足させるような憲法など、もはや日本政府では起草できないと思いました」と語っています。

一九四六年（昭和二一年）一月、マッカーサーはアメリカ本国から第二二八号「日本統治制度の改革」という文書を受け取っていました。これは「ポツダム宣言の要求は憲法改正を伴うものである」という内容で、ただその場合には連合国からの強制ではなく、日本国民の自主的選択というかたちを取らなければならない、としています。いってみればマッカーサーに対するお墨付きのようなもので、松本案に反対したマッカーサーは二月三日、「国民主権」「戦争放棄」「封建制度の廃止」を三本柱にした憲法草案作成を、腹心のホイットニーに指令します。

この前、一月二四日、幣原総理はマッカーサーを訪ね、天皇制の維持と戦争放棄・軍備放棄を恐る恐る提案します。このとき内閣では松本国務大臣が天皇制護持・軍備維持の憲法案をつくっていることは幣原総理は熟知しており、「戦争放棄」などいうはずはないという見方もありますが、幣原は大臣には秘密にしながら昭和天皇にこれを報告しており（『昭和天皇実録』に明記されている）、幣原の後年のインタビュー記事、何よりもマッカーサーの回想録に明らかであって、事実無根と打ち消そうとする人の形勢は悪そうです（打ち消そうとする人は、「戦争放棄が日本側の提案であったことが許せない」、また、「マッカーサーが日本の再軍備を止めさせたとしてサンフランシスコ条約後にアメリカ国内で非難されていたため、責任逃れのため幣原のせいにした」などというが、果たしてどうだろうか）。マッカーサーはもともと考えていて、幣原の言でそうしたのではないかもしれませんが、影響がまったくなかったとはいいきれないと思います。

第二二八号では「現皇帝制度は不可」で、「もし維持するのであれば、立法府の優越が認められ、内閣が責任を負い、皇帝は一切の重要事項について内閣の助言に基づいてのみ行ない、皇帝は軍事に関する一切の権能を奪われ、一切の皇室収入は国庫に繰り入れられることが必要」となっていました。マッカーサー草案の「象徴天皇制」は、ＧＨＱとしてほかに選択の余地がなかったということがわかります。この第二二八号を日本政府は知らなかったため、相当期間、帝国憲法の手直し程度で済むと認識していました。

一九四六年（昭和二一年）二月四日、マッカーサーは民政局作業班に、一週間以内に憲法草案を作成するように告示。

なぜマッカーサーがこれほど急いだのか、背後の事情もありました。この二月には、ＧＨＱの上部機関ともいえる戦勝国による極東委員会が発足することになっていました。マッカーサーは極東委員会、なかんずくソ連の干渉を受ける前に独力で日本国憲法をつくるという野心を抱いていたのです。占領は講和とともに終わってしまいます。そこで征服した国の歴史の中に「憲法」というモニュメントを残したかったのでしょうか。

二月一三日、ホイットニーは日本政府にマッカーサー草案を手渡します。このとき、憲法担当大臣だった松本烝治の回想によれば、ホイットニーは「これを受け入れなければ天皇の生命は保障できない」と脅迫したといいます。やむなく日本政府はこの草案を受け入れることにします。

三月二日、日本政府は崇高すぎる前文の削除、一院制を二院制に変更、国会の最高裁判所判決覆滅権の削除などの案を作成。

三月四日、日本政府は帝国憲法改正草案要綱を発表。

以後、ＧＨＱと内閣法制局との折衝（アメリカ憲法にも規定がない男女同権条項を取り消してほしいという日本側の意見や前文削除要求は否定された）が続き、四月一七日、帝国憲法改正草案が発表されます。

六月八日、枢密院で可決。八月二四日、衆議院で可決。一〇月六日、貴族院で可決。そして昭和天皇の裁可を得て一一月三日公布、翌一九四七年（昭和二二年）五月三日に施行されました。

ちなみに、改正案が上程された一九四六年（昭和二一年）六月の衆議院本会議では、激しいやりとりが行なわれています。ただ、いま見ると、どれがどの政党の発言だかよくわからなくなります。

（質問）進歩党「武力防衛できないのだから他国に依存する必要があるのか」

（答弁）吉田茂首相（自由党）「国際連合が確立すれば、侵略者は平和に対する冒犯者であり、全世界の敵なのだから、世界の平和愛好国は相寄り、相携えてこの冒犯者を克服すべきである」

（質問）野坂参三（共産党）「戦争には、侵略された国が自国を防衛する正しい戦争と、他国を征服・侵略する不正の戦争がある。したがって憲法第九条は戦争の放棄ではなく侵略戦争の放棄とすべきだ」

（答弁）吉田茂首相「国家正当防衛権による戦争は正当なりとする考えは有害である。戦争の多くは国家防衛の名において行なわれたのだから、正当防衛を認めることは戦争を誘発するゆえんになる」

このようにしてつくられた日本国憲法ですが、現在、「ＧＨＱによる押し付けであった」とか、「わずか一週間でつくられたもの」という批判があります。さらに、「占領中に憲法改正を行なってはならないとするハーグ条約（日米が加盟）違反である」という意見もあります。

押し付けであったとする多分に感情的な部分は別にして、その内容を重んじ、「当時のアメリカの理想主義派が近代的諸概念を網羅してつくった、稀に見る平和憲法だ」という人が数多くいることも確かです。また、マッカーサー草案を日本側はいろいろ手直ししていますが、修正せずにそっくり採用したほうがよかった思われるところもあります（国会一院制など）。

広島に巡幸、市民の歓呼に帽子を振って応えられる昭和天皇

それにしても、少数の専門家と、ＧＨＱの若手軍人たちの手で、しかもたった一週間足らずという世界記録的な短期間でマッカーサー草案がどうしてでき上がったのでしょうか？　ちなみに明治憲法は完成までに七年の歳月を要しています。

実は格好の下敷きがあったという説がいくつかあります。

一つは、ＧＨＱは民間の「憲法研究会」（高野岩三郎、馬場恒吾、室伏高信、鈴木安蔵らリベラル派の憲法学者やジャーナリストなどが参加）が作成した進歩的な憲法草案を参考にしたというものです。

もう一つは、清水馨八郎（けいはちろう）千葉大学名誉教授が唱える説です。戦前、アメリカは植民地フィリピンに、自分たちに都合のよい憲法を押し付けていたのですが、この植民地憲法がマッカーサーから作成者に渡され、ほとんどそのままコピーしてつくられたのが現日本国憲法だというのです。だとすると、「戦争放棄」は日本のオリジナルではなかったということになります。読んでみると確かにフィリピンが押し付けられたその植民地憲法には、「フィリピンは、国策の具としての戦争を放棄し、一般に承認せられておる国際法上の原則を国法の一部として採用す」とあるのです。

フィリピンは一九四六年（昭和二一年）にアメリカから独立したのち、この憲法を改正し、陸海空軍を創設しています。

あとがき

あるとき、戦時中、学童疎開先で強烈な体験もしている友人の一人が、戦前のことを若者に訊かれたそうです。ところが、なんとなく知っていると思っていた戦前のことを「何一つ正しく答えることができず」に愕然（がくぜん）としたといいます。

そこで編集部と、若者が読んでもわかるような「仕組みを中心に据えた戦前の基礎知識」の本をつくり、さらに戦前を知らない多くの大人たちにも読んでもらいたいと考え、ライター仲間に話を持ちかけたとき、まるで「奇跡」のように存在する一冊の本に突き当たりました。

それが『事典　昭和戦前期の日本――制度と実態』（伊藤隆監修・百瀬孝著・吉川弘文館）です。

これは、本書の監修者でもある百瀬孝氏が、途方もない労力と一五年という歳月をかけ完成させたもので、昭和戦前期の仕組みをいちいち一次資料にあたり、それまでは「たとえば選挙権・被選挙権がどのような範囲に定められているのかといった初歩的なことでも、それぞれの専門書にあたる以外になかった」（伊藤隆氏）ものをハンドブック化（とはいうものの原稿枚数一五〇〇枚に及ぶ）した唯一無二の労作です。

百瀬氏の前書きにもあるように、本書はこの労作を出発点とし、百瀬氏には多忙な中、何回も足を運んでいただいて「絵解き」をしていただき、同書を執筆したときに書ききれなかったことなどをわれわれがお聞きしたという次第です。

戦前の裁判にすでに陪審員制度があったことを知らなかった者もいましたし、厚生年金・健康保険制度があったことを知らなかった者もいました。「戦前」は体験談かエピソードをもって語られるのが常ですから、「仕組み」に関することはなおざりにされてきたのでしょう。

日本は貧しいながらも少しずつ近代化の道を歩んでいたけれど、それが一九三七年（昭和一二年）以降の戦時体制によりものの見事に瓦解していく様子が、軍制でも税制でも、どの分野の制度を見てもうかがえます。

もし、日米戦争がなければ、いま頃どういう国になっていたのだろう、と想像すると、いろいろな場面が思い浮かんできます。女性にいつ頃選挙権が認められたのだろう、陸海軍はいまでもまだ存在しているのか、ほとんど払わなくてよかった税金はどうなっていたのだろう、高校生はバンカラのままだろうか、明治憲法はいつ頃改訂されたのだろう、などと想像が膨らんできます。

最後になりましたが、本書では百瀬氏の前掲書のみならず『事典　昭和戦後期の日本――占領と改革』（百瀬孝著・吉川弘文館）もおおいに参考にさせていただきました。この場を借りて御礼申し上げます。

二〇一五年一〇月

亀岡修

【引用・参考文献】

『事典　昭和戦前期の日本　制度と実態』（伊藤隆監修、百瀬孝著、吉川弘文館）
『事典　昭和戦後期の日本　占領と改革』（百瀬孝著、吉川弘文館）
『戦前の日本を知っていますか？』（百瀬孝監修、昭和研究グループ著、はまの出版）
『戦後の日本を知っていますか？』（百瀬孝監修、昭和研究グループ著、はまの出版）
『値段の明治大正昭和風俗史』（週刊朝日編、朝日新聞社）
『続　値段の明治大正昭和風俗史』（週刊朝日編、朝日新聞社）
『続続　値段の明治大正昭和風俗史』（週刊朝日編、朝日新聞社）
『完結　値段の明治大正昭和風俗史』（週刊朝日編、朝日新聞社）
『物価の世相１００年』（岩崎爾郎著、読売新聞社）
『月給百円サラリーマン　戦前日本の平和な生活』（岩瀬彰著、講談社現代新書）
『東京の下層社会　明治から終戦まで』（紀田順一郎著、新潮社）
『運送屋一代』（佐々木昇著、ゴマブックス）
『十七歳の硫黄島』（秋草鶴次著、文春新書）
『餓死した英霊たち』（藤原彰著、青木書店）
『日本の歴史23　大正デモクラシー』（今井清一著、中央公論社）

『日本の歴史24　ファシズムへの道』（大内力著、中央公論社）
『日本の歴史25　太平洋戦争』（林茂著、中央公論社）
『日本の歴史26　よみがえる日本』（蝋山政道著、中央公論社）
『木戸幸一日記　上・下』（木戸日記研究会編、東京大学出版会）
『親族法大意』（穂積重遠著、有斐閣）
『治安維持法小史』（奥平康弘著、筑摩書房）
『現代史資料40　マスメディア統制』（内川芳美編、みすず書房）
『官僚の研究』（秦郁彦著、講談社）
『日本歴史大系４』（井上光貞・児玉幸多・永原慶二編、山川出版社）
『農業史』（大内力著、東洋経済新報社）
『昭和財政史２』（大蔵省財政史室編、東洋経済新報社）
『昭和財政史３』（大蔵省財政史室編、東洋経済新報社）
『昭和財政史５』（大蔵省財政史室編、東洋経済新報社）
『大蔵省百年史　上・下』（大蔵省百年史編集室編、大蔵財務協会）
『陸軍よもやま物語』（棟田博著、光人社）
『敗戦日記』（高見順著、中央公論新社）
『緊急生活援護事業の研究』（百瀬孝著）

『原色の戦後史』（大島幸夫著、講談社）
『夢声戦争日記抄　敗戦の記』（徳川夢声著、中央公論新社）
『夢声戦争日記』（徳川夢声著、中央公論新社）
『戦中派虫けら日記　滅失の青春』（山田風太郎著、ちくま文庫）
『戦中派不戦日記』（山田風太郎著、講談社文庫）
『戦中派焼け跡日記』（山田風太郎著、小学館）
『戦中派闇市日記』（山田風太郎著、小学館）
『摘録　断腸亭日乗』（永井荷風著、磯田光一編、岩波文庫）
『大佛次郎敗戦日記』（大佛次郎著、草思社）
『ニッポン日記』（マーク・ゲイン著、井本威夫訳、筑摩書房）
『朝日年鑑　１９４６』（朝日新聞社編）
『毎日年鑑　１９４６』（毎日新聞社編）
『政党年鑑　１９４７』（議会政治研究会編、ニュース社）
『昭和史年表　大正一二年九月一日〜昭和六二年一二月三一日』（神田文人編、小学館）
『昭和世相史　一九四五〜一九七〇』（岩崎爾郎・加藤秀俊編、社会思想社）
『昭和史事典　１９２３〜１９８３』（昭和史研究会編、講談社）
『朝鮮戦争　米中対決の原形』（神谷不二著、中央公論社）

『戦後秘史　1～10』（大森実著、講談社）
『占領下の言論弾圧』（松浦総三著、現代ジャーナリズム研究会）
『戦後生活文化史』（尾崎秀樹・山田宗睦著、弘文堂）
『日本占領革命　GHQからの証言　上下』（セオドア・コーエン著、大前正臣訳、TBSブリタニカ）
『戦後日本財界史』（鈴木松夫著、実業之日本社）
『戦後風雲録』（森正蔵著、鱒書房）
『占領下の日本財政覚え書』（渡辺武著、日本経済新聞社）
『日本の農業150年』（暉峻衆三編、有斐閣）
『日本の教育』（堀尾輝久著、東京大学出版会）
『日本教育小史』（山住正己著、岩波新書）
『わたしたちの教育戦後史』（伊ヶ崎暁生著、新日本新書）
『教養主義の没落』（竹内洋著、中央公論新社）
『原敬日記』（原奎一郎・林茂編、福村出版）

本文ＤＴＰ・カバーデザイン／株式会社テイク・ワン

よみがえる戦前日本の全景――遅れてきた強国の制度と仕組み

第一刷発行――二〇一五年一一月三日
第三刷発行――二〇一五年一二月八日

監修――百瀬孝
著者――亀岡修

編集人――祖山大
発行人――松藤竹二郎
発行所――株式会社 毎日ワンズ
〒一〇一－〇〇六一
東京都千代田区三崎町三－一〇－二一
電　話　〇三－五二一一－〇〇八九
FAX　〇三－六六九一－六六八四
http://mainichiwanz.com

THE MAINICHI 1 ONES 毎日ワンズ

印刷製本――株式会社 シナノ

ISBN 978-4-901622-85-1